책, 이야기꽃을 피우다!

어린이 독서 감상문, 독서 토의 · 토론문

03
글놀이터

책, 이야기꽃을 피우다!

어린이 독서 감상문, 독서 토의·토론문

연꽃누리 엮음

■ 여는 글

독서 감상문은 책을 읽고 생각과 느낌을 듬뿍 담아 쓰는 글입니다. 글을 쓰기 전에 책을 읽어야 하고, 좋은 감상문을 쓰기 위해서는 좋은 책을 읽어야 합니다. 좋은 작품을 만나면 아이들은 이야기를 하고 싶어 합니다. 작품 속 인물을 만난 이야기, 주인공과 비슷한 경험을 한 이야기를 쏟아내기도 하고 이해하지 못한 상황에 대해 질문을 하기도 합니다. 가끔 같은 책을 읽은 친구와 이야기 속 인물들의 상황이나 감정에 대해 깊은 이야기를 나누기도 하고 생각이 다른 친구와 논쟁을 벌이기도 합니다. 하고 싶은 이야기가 많아지는 좋은 작품을 읽게 하는 것, 독서 감상문을 쓰는 첫 번째 방법이자 마지막 방법입니다.

독서 감상문은 책과 이야기를 나누며 쓰는 자신의 이야기입니다. 책을 읽고 잘 간추려서 줄거리를 쓰는 것만으로는 독서 감상문이 될 수 없습니다. 또, 재미있었다'나 '이상했다'와 같은 말로만 감상을 나타내면 감상글을 읽는 사람은 재미도 없고 생각하며 읽을 필요가 없습니다. 간단한 내용과 함께 내 생각, 느낌, 새롭게 알게 된 것이나 깨달은 점을 써야 합니다.

아이들은 독서 감상문을 쓰면서 책의 내용을 곱씹어 생각하고 이야기 속 인물들에게 더 마음을 쓰게 됩니다. 그러다 자연스럽게 자신의 경험과 생각을 이야기하게 되고 두루뭉술한 느낌을 붙잡아 마음을 키울 수 있습니다. 첫 번째 마당 〈꿈꾸는 책, 꿈꿀 수 있는 집〉에는 이렇게 책을 만나 마음이 자란 아이들의 감상문을 담았습니다.

　책을 읽고 이야깃거리를 찾아 함께 이야기를 나눌 수 있는 마당을 마련해주는 것은 책에 대한 새로운 재미를 발견할 기회를 줍니다. 친구들과 함께 나눌 이야깃거리를 발견하며 책을 읽으면 좀 더 예리하고 촘촘한 눈으로 읽게 됩니다. 그렇게 뽑은 이야깃거리로 함께 이야기를 나누다 보면 자연스럽게 토의, 토론이 됩니다. 혼자선 미처 하지 못했던 새로운 생각과 깨달음을 가지게 되기도 하고 자신의 생각에 확신을 갖기도 합니다. 서로 다른 의견과 경험에서 오는 이야기를 통해 생각을 키우고 세상을 보는 눈을 키울 수 있습니다. 두 번째 마당 〈마음이 자꾸 움직인다〉에는 이렇게 책을 만나 세계가 넓어진 아이들의 토의토론문을 담았습니다.

　아이들이 독서 감상문을 쓰는 것을 어려워하는 까닭은 책을 읽는 시간을 내는 것부터가 어렵기 때문이라는 생각이 듭니다. 독서 감상문을 쓰기 위해서는 수업 시간에 온전히 작품을 감상할 수 있는 시간을 내어주고 책과 책 속 인물들, 책을 읽은 친구들과 이야기 나눌 수 있는 시간을 마련해주어야 합니다.
　아이들이 읽는 모든 책을 독서 감상문으로 쓸 필요는 없습니다. 쓰기에 대한 부담이 책을 읽는 즐거움을 가릴 수도 있으니까요. 좋은 책을 충분히 읽고 그 중에 내 생각과 느낌을 남겨놓고 싶은 작품을 골라 독서 감상문을 쓰는 것이 좋습니다. 독서 감상문을 쓸 책을 고르는 맛이 독서 감상문이라는 글의 맛에 영향을 주기도 합니다. 평소에는 책을 읽은 후 감상을 3~4줄 정도로 가볍게 쓰거나 찾은 이야깃거리를 써 두었다가 독서 감상문이나 토의토론문을 쓸 때 살펴보는 게 좋습니다.

독서 감상문은 아이들이 많이 쓰는 글의 갈래 중 하나입니다. 책 읽기를 중요하게 생각하는 만큼 독서 감상문을 많이 쓰지만 다른 아이들이 쓴 독서감상문을 읽을 기회가 별로 없습니다. 같은 책을 읽은 다른 친구들의 생각과 내 생각을 견주어 보거나 함께 이야기 나눌 일도 거의 없습니다. 글놀이터 3이 그런 순간에 도움이 되면 좋겠습니다. 거꾸로, 이 글놀이터로 아이들과 함께 읽고 싶은 책이 생기면 그것도 좋겠습니다. 책을 좀 더 깊이 즐기면서 읽을 수 있는 데 힘이 되면 좋겠습니다.

'글놀이터 3'을 마무리하는 지금은 코로나 때문에 할 수 없는 일들이 많아 아쉬운 가을입니다. 직접 하기엔 조심스럽지만 책을 통해서라면 무엇이든 괜찮은 시간입니다. 책과 함께, 책으로 함께 이야기꽃을 활짝 피우는 시간이 되길 바랍니다.

2020년 11월
전국초등국어교과모임 시흥 연꽃누리

1부

꿈꾸는 책, 꿈꿀 수 있는 집

곰곰이 읽고 쓴 독서 감상문

감정이 오락가락 _ 015

꽃들에게 희망을 _ 017

꿈꾸는 책, 꿈꿀 수 있는 집 _ 019

나를 만든 노력 _ 022

나만의 선물 _ 024

'내 이름은 삐삐롱스타킹'의 작가는? _ 026

마음을 읽어주는 거북, 해리엇 _ 028

아웃! _ 031

우정과 깨달음, 그리고 성장 _ 033

진짜 친구 _ 035

초정리로 가는 훈민정음 편지 _ 036

300Km의 싸움과 화해 _ 037

기억을 지워드려요 _ 039

거창함보다 소소함 _ 041

겉과 속이 다른 게 나쁜 것만은 아니다 _ 043

꿈꾸는 동안 즐겁지 않으면 그게 무슨 꿈이니? _ 045

꿈꾸는 작가 지망생 소희 _ 047

날아라, 아포르 뚜나다! _ 049

낯을 가려도 도움을 주는 개, 악당 _ 051

도깨비와 영호 _ 053

마음에 고스란히 전해지는 감동 _ 055

마음을 배달해주는 손편지 _ 057

말주머니의 잔소리는 끝이 없다 _ 059

반 친구들 돈 갚기 소동 _ 061

삶에 진짜 필요한 것 _ 063

새엄마에게 정이 든 보라 _ 065

샌드위치 도둑을 잡을 수 있는 아주 특별한 방법은? _ 067

성공을 하는 방법, 도전 _ 069

솔직하게, 사실대로 말해줘! _ 071

슬픈 일, 나쁜 일이 사라져야만 즐겁고 행복한 것은 아냐 _ 073

슬픔은 이겨내라고 있는 것 _ 075

앞으로는 이렇게! _ 077

용돈이 부족한 친구들에게 _ 079

우리 할아버지가 생각나는 이야기 _ 081

우리는 미래에 로봇의 꿈을 빌려 살지 말자 _ 083

운이 좋은 암탉, 잎싹 _ 085

저승 잘못 간 혜수 _ 087

조금만 버텨, 괜찮아질 거야 _ 089

좋은 선택 _ 091

초콜릿 파티! _ 093

최선을 다해라! _ 095

행복한 기억으로 시간을 사다! _ 097

혼자 살아보고 싶어? _ 099

꿈을 꾸기 위한 책 _ 101

박새의 매력 _ 103

아니, 색안경을 벗어봐! _ 105

전설의 공통점 _ 107

친구가 되는 것은 _ 109

2부

마음이 자꾸 움직인다

도란도란 이야기 나누고 쓴 독서 토의·토론문

가족과의 시간을 위해 개인의 시간을 희생해도 좋은가? _ 113

가족의 평화는 관심으로부터! _ 115

계속 해도 괜찮고 가끔 하는 것도 괜찮은데 _ 117

나에게 필요한 건? _ 119

내 생각? 친구들 생각? _ 121

너무 잊으려고 하지 말고 생각해! _ 123

뉴스 수난시대! _ 125

달라도 괜찮아 _ 127

마음이 자꾸 움직인다 _ 129

버릴까? 버리지 말까? _ 131

부모님의 말 _ 133

부모다운 부모가 되기 위해서 _ 135

부모와 자식의 관계 _ 137

뻥 뜯는 거 아니지? _ 139

사람마다 생각이 다 다르다 _ 141

생각을 잘 해야 말도 잘한다 _ 143

심부름을 하고 대가를 받는 것은 옳은가? _ 145

아이들이 싸웠을 때 부모님이 관여하는 것은 옳을까? _ 147

어려운 선택, 여러 가지 생각 _ 149

어릴 땐 자유를 주세요! _ 151

왔다 갔다 하는 친구의 마음 _ 153

의미 있는 장례식을 위해 정말 필요한 건 무엇일까? _ 155

이런 게 진짜 두뇌게임! _ 157

익숙해져버린 로봇 _ 159

책으로 소통하자! _ 161

친구를 돕기 위해 안 좋은 사정을 알리는 것은 옳은가? _ 163

친구의 뒷담을 들었을 때 당사자에게 말하는 것이 옳은가? _ 165

합의해야 될까? _ 167

1부

꿈꾸는 책, 꿈꿀 수 있는 집

곰곰이 읽고 쓴 독서 감상문

감정이 오락가락

『그 사람을 본 적이 있나요?』 김려령 글, 장경혜 그림, 문학동네어린이

12월 11일, 드디어 이 책으로 독서감상문을 쓴다. 처음 겉표지만 보았을 땐 실종사건인 줄 알았지만 읽어보니 달랐다. 칠 년 전, 오명랑은 동화작가가 됐다. 하지만 쉬운 줄 알았던 독자 찾기가 모래밭에서 바늘 찾기보다 더 힘들었다. 내가 작가였더라도 진짜 힘들 것 같다. 그때 오작가는 불현 듯 떠올린 '이야기 듣기 교실'은 딱 안성맞춤이었다. '첫 이야기, 그리운 건널목씨'부터 진짜 재밌었다. 어떨 때는 울 것 같고 어떨 때는 웃음을 참지 못했다. 제일 따뜻한 웃음이 나왔던 건 '고소한 쌀과자 냄새'에서 그랬다. 도희네 집에서 엄마, 아빠가 매일 싸운다. 도희도 마음 상할 만한데 태석이, 태희에게 잘 해주는 게 대단하다. 난 처음부터 오명랑 엄마와 새언니가 왜 그러는지 몰랐지만 읽다 보니 비밀을 알아냈다. 허름한 집에 사는 태희가 명랑 작가고 태석이는 명랑 작가의 오빠였다. 자신의 가난한 이야기를 아이들에게 들려주니 엄청 대단했다. 건널목씨는 태희와 태식이의 생명의 은인 같다. 나도 건널목씨, 도희처럼 마음이 따뜻해지면 좋겠다. 하지만 그게 잘 안 돼서 속상하다. 이 책을 읽으면서 감정이 오락가락했다. 마지막 '너무 늦은 말'에서는 눈물이 나올 뻔했다. 앞으

로 나는 건널목씨처럼 친구들에게 따뜻한 마음을 주고 싶다.

🖎 이민주(4학년)

꽃들에게 희망을

『꽃들에게 희망을』 트리나 폴러스 글, 김석희 옮김, 시공주니어

　인생을 말했다. 여러 개의 기둥은 욕심을, 위에 있는 사람은 부자, 중간은 중산층, 아래는 거지와 같은 사람이다. 또 추락하거나 내려오는 사람은 은퇴, 파산, 욕심을 버린 사람들이다. 또 올라가려는 벌레(사실 다 애벌레)는 '부자가 될 수 있다!'라고 하는 욕심으로 돈을 버는 사람을 비꼰 것이다. 또 노란 나비가 호랑애벌레를 도와준 건 의리고 고치는 새로운 삶, 욕심을 버린 삶을 사려는 사람이다. 나비는 새로운, 욕심을 버린 사람이고 말이다.

　여기의 인생은 처음엔 모두 아무것도 가지지 않고 태어났다. 생각을 많이 하며 똑똑해지고, 욕심을 가지고 부자가 되려고 다른 사람을 밟고 밀어낸다. 그러나 부자가 되어서 얻은 건 돈, 행복이 아니다. 욕심을 버리고 행복을 찾으려 한다. 그리고 진정한 행복을 찾는 것이다. 알→기둥에 오르려 함→오름→아무것도 없어 내려옴→고치→나비! 진정한 행복은 자기 자신의 마음에 달렸고 마음의 평화를 유지해야 하는 것이다. 그러려면 욕심을 버려야 한다.

　나의 행복은 지금부터이다. 행복은 어딘가에만 있는 게 아니다. 누구에게나 있지만 더 큰 걸 바라면 행복과는 멀어져 가는 것이다.

작은 것이라도 만족하는 것, 난 그곳에서 행복이 나오는 것이라고 생각한다.

✐ 장선화(4학년)

꿈꾸는 책, 꿈꿀 수 있는 집

『이모의 꿈꾸는 집』 정옥 글, 정지윤 그림, 문학과지성사

제목 그대로 꿈을 꿀 수 있는 이모의 집 이야기이다. 진진은 우연히 '꿈꾸는 집 캠프'에 참여하게 된다. 그때부터 이야기는 시작됐다. 아무도 예측하지 못할 이야기가 시작된 것이다.

이모의 꿈꾸는 집에 도착한 진진은 이모에게 꿈이 무엇이냐고 질문을 받았다. 진진은 특목고에 가고, 서울대에 가서 의사가 될지 변호사가 될지 고르는 중이라고 했다. 나는 그렇게 힘든 꿈을 가진 진진이 대단하게 느껴졌지만 이모의 반응은 달랐다. 이모는 겨우 학교 가는 것이 꿈이냐고 비웃었다. 생각해보니 그렇다. 아무리 공부를 잘하고 싶어도 학교 가는 것이 꿈이라고 풀이하니 좀 이상했다. 이모네 집에는 책이 아주 많아서 항상 일이 끝나면 책을 읽는다. 진진은 수준이 낮은 책한테 심한 말을 하고 싸운다. 그리고 '상수리'라는 친구에게 가서 손가락이 생각할 수 있도록 도움을 받았다. 배우지도 않은 악기를 손가락이 생각하는 힘으로 연주한다는 것이 신기하고 말이 안 됐다. 그런데도 뒷이야기를 보니 손가락이 생각한다는 것을 믿을 수 있게 되었다. 그리고 상수리의 꿈과 희망을 이모가 되찾아 주었다. 상수리는 꿈을 이루기 위해 떠났다. 어느 날 진진은 잠

이 들었다. 조용하게 지나가는 하룻밤에 진진은 자신의 이름을 부르는 누군가의 목소리를 듣고 잠에서 깨어났다. 살금살금 걸어가 보니 작은 책이 있었다. 조그마하고 얇은 책이 진진을 부른 것이다. 진진은 조심조심 책을 넘겼다. 책을 보니 진진이 어릴 때 만든 책이었다. 그 책에서는 분홍색 눈이 내리고 있었다. 진진과 그 책은 이야기를 하며 시간을 보냈다. 그 책의 제목은 '분홍 눈사람'이었다. 분홍 눈사람은 이모의 꿈꾸는 집에는 사람의 마음에 단 한 번도 재미를 주지 못한 책은 올 수 없다고 했다. 그래서 이모는 책을 그렇게 좋아하는 것이었다. 나는 그 부분이 마음에 들었다. 내 생각에도 그렇다. 이모의 집은 아주 특별한 곳인데 한 번도 재미를 주지 못한 책들이 많으면 이모는 그렇게 책을 좋아하지 않을 것 같다. 그리고 진진은 생각했다. 분홍 눈사람을 만들고 싶다고. 그게 꿈이라고 생각 했다. 이모는 진진의 꿈을 이루어 주겠다고 했다. 이모는 겨울 패딩을 꺼내 입고 밖으로 나갔다. 그 때 바람이 불었다. 떨어지는 꽃잎이 눈보라가 되어 떨어졌다. 그러다가 분홍색이 되어 바닥에 떨어 졌다. 모두 모여 눈을 굴렸다. 진진은 엉뚱한 꿈에 초대한 사람을 대접했다. 그리고 결국 아주 커다란 분홍 눈사람을 완성했다. 그리고 떠나는 날. 모두에게 인사하고 진진은 집으로 돌아갔다. 집에 도착하자 진진은 바뀌었다. 공부를 잘하겠다는 꿈을 버리고 만화책을 찾았다. 앞으로 진진의 꿈이 어떻게 변할지 아무도 모른다. 나는 이렇게 꿈을 찾으려는 사람들을 보면 내 꿈이 더 궁금해진다.

나도 이모의 꿈꾸는 집에 가보고 싶다. 내 꿈은 어떻게 찾을 수 있을까? 내 진짜 꿈은 무엇일까? 이 책을 읽으며 난 이모가 진진의 진짜 꿈을 찾을 수 있게 도와준 것이 포인트이자 좋은 점 같다. 그리고 이모의 꿈은 이 꿈꾸는 집이라고 한 것도 좋은 점인 것 같다. 아쉬운 점을 찾기 어려운 책이었다. 이 책은 자신의 진짜 꿈을 찾고 싶은 친구들이 읽으면 좋을 것 같다. 『이모의 꿈꾸는 집』은 우리 반에 있는 100권이 넘는 책들 중 내가 유일하게 고른 책이니 다른 친구들이 진지하게 읽어주면 좋겠다. 꿈꾸는 집 캠프가 정말 현실로 존재하면 좋겠다. 나에게도 내 꿈을 받쳐줄 사람이 있을까? 모두에게 그런 사람이 존재할 수 있을까? 아마 이 책을 쓴 작가는 누군가에게 꿈을 찾는 도움을 받았을 것 같다. 이 책을 읽고 그 생각도 들었다. 진진의 마음을 잘 이해 할 수 있었던 이야기다.

이 책의 제목을 이모의 꿈꾸는 집'이라고 지었다. 책꽂이에서 이 책의 제목을 보면 너무 너무 간단하다고 생각할지 모른다. 그래도 난 이 제목을 보고 내용이 궁금해졌다. 어떻게 꿈을 꿀까? 이모의 집에서 꿈꿀 수 있을까? 그래서 이 책을 덥석 잡아 온 것 같다. 내가 본 책의 작가 중 인물의 입장을 가장 구체적으로 표현하고, 인물의 성격에 맞게 잘 이해하며 쓴 것 같다. 이모의 꿈꾸는 집에 간 덕분에 진진은 진짜 자신의 꿈과 삶을 찾았다. 이모는 답답한 것 같아도 아주 친절하고 좋은 사람이었다. 내 주변에도 그런 사람이 많은 것 같다.

✎ **이혜준(4학년)**

나를 만든 노력

『플레이볼』 이현 글, 최민호 그림, 한겨레아이들

동구라는 한 아이가 야구를 하며 겪은 일을 담은 책이다. 나는 야구를 좋아하기 때문에 이 책에 흥미를 갖기 시작하였다. 책의 주인공 동구는 야구를 엄청 좋아하는 아이다. 동구는 구천초 야구부의 주장이 되었다. 동구는 친구 푸른이와 함께 열심히 훈련한다. 어느 날 감독님이 바뀌게 된다. 동구와 구천초 야구 팀은 승리를 위해 새 감독님과 열심히 노력한다. 감독님은 "최선이 아닌 최고가 되자!"라고 했다. 어느 날 훈련을 하고 있는데 어떤 아이가 갑자기 야구를 하고 싶다고 끼워달라고 한다. 감독님은 그 아이의 열정을 보고 테스트를 해보았다. 그 아이의 실력은 아주 좋았다. 그래서 그 아이도 팀에 들어오게 되었다. 이름은 영민이었다. 동구는 영민이가 마음에 들었다. 그렇게 동구는 구천초 팀에서 친구들과 의견도 엇갈리고, 훈련도 힘들었지만 꼭 좋은 선수가 되기 위해 노력하고 노력하며 한 번 더 성장해 나간다. 그리고 드디어 대회이다. 이 대회는 롯데자이언츠 유소년 야구대회의 1차전이었다. 선발이 정해졌다. 원래 선발은 주로 6학년이 하였다. 중학교를 올라갈 준비를 할 시기이기 때문이다. 하지만 이번에는 5학년이 네 명이나 들어가 있어서 6학년들은 불만이 많았다. 그래도 열심히 많은 일을 겪으면서 여러 팀을 꺾고 결승전에 올라갔다. 이 경기를 이기면 제주도에 가서 전국소년체육대회 경기를 할 수 있는 것이다. 그 많은 일 중 친구 푸른이가 야구를 포기하려고도 했지만 함께 이겨 나갔다. 그 많은 노력들로 여기까지 온 것이다. 하지만 동구는 자기가 필요 없어도 된다고 경기에서 실수한 일들이 생각나서 죄책감을 느꼈지만 끝까지 노력하였다. 그리고 동구는 제주도에 갔다. 결승에서 이긴 것이 아니다. 구천초는 15대 3으로 졌지만 동구는 엄마와 친구들과 함께 제주도에 갔다. 그렇다고 동구가 야구를 포기한 것은 아니다. 동구는 야구를 포기하지 않는다.

   그냥 야구만 하는 이야기인 줄 알았지만 야구를 하는 동안에 야구뿐만이 아닌 우정, 열정, 끈기, 노력이 들어가 있다는 것을 알았다. 그리고 나는 힘든 일이 와도 포기하지 않은 동구가 멋있다. 동구가 버틸 수 있던 것은 가족들의 응원과 동구의 노력, 친구들이 있어서인 것 같다. 나도 다른 친구들에게 버팀목이 될 수 있는 그런 친구가 될 수 있도록 노력하여야겠다. 동구는 끝까지 야구를 포기하지 않고 끈기 있게 야구를 해 나갈 것 같다. 지금까지의 내가 있을 수 있었던 것은 동구처럼 끈기와 노력이 있었기 때문이라고 생각한다.

   ✎ 백은빈(4학년)

나만의 선물

『고민 들어주는 선물가게』 임태희 글, 오윤화 그림, 주니어 김영사

지난 달, 괜찮은 놀이터에서 읽을 책을 고르다가 이상하게 눈에 띄는 책 한 권이 있었다. 바로 『고민 들어주는 선물가게』다. '고민'이라는 단어를 읽자마자 그 단어가 내 눈을 반짝이게 했다. 이 책은 나의 가장 재미있는 책 중에 한 권이 될 만큼 재미있었다.

첫 번째 주인공 효진이는 장래 희망이 가수다. 하지만 뚱뚱해서 아무리 실력이 뛰어나도 뚱뚱한 사람을 좋아하지 않는다고 생각을 하게 되었다. 나는 요즘 사람들은 외모에 너무 관심을 가지는 것 같다고 생각한다. 더 이상하게 생각하는 건 그렇다고 그 사람을 놀리는 것이다. 어느 날, 효진이네 현관문 앞에 독특한 애 한 명이 왔다. '이상한 가게'에서 온 선물이다. 내가 만약에 효진이었다면 낯선 사람이 문 열어달라고 하면 열어주지 말라는 엄마의 말을 듣고 안 열어주었을 것이다. 나는 나처럼 소심한 친구보다는 효진이처럼 용감한 친구가 좋다. 항상 내 옆에 든든하게 있어 줄 것이니까. 그 상자 안에는 주먹 만한 미니 우체통이 들어 있었다. 다음 날, 거실에서 '달캉달캉달캉' 소리가 났다. 효진이가 우체통 쪽에 가보니 한 번도 보지 못한 글이 들어 있었다. 이상했다. 그 글 때문에 기운을 얻은 효진이

가 소풍 장기자랑 때 숨은 실력을 보여주니 다들 그 실력을 인정했다. 만약 효진이가 내 친구였다면 효진이를 가수로 만들기 위해 끝없이 노력할 것이다. 효진이도 좋아할 것이다. "효진아, 앞으로의 일을 응원할게!" 이처럼 많은 이야기가 있지만 나는 이 이야기가 가장 공감되었다. 나도 그런 적이 있었기 때문이다.

   나는 키가 작다. 내 꿈은 승무원이지만 키가 크고 날씬해야 한다는 내 친구의 말을 듣고 조금 상처를 입었다. 하지만 그 친구가 고맙다. 요즘 승무원들을 보면 다 키가 크다. 그 꿈을 포기하려고 했지만 이 책을 읽으니까 기운을 얻었다. 그래서 이 단편이 인상 깊었다. 나도 효진이처럼 승무원이라는 꿈을 위해 최선을 다해 노력할 것이다. 그리고 효진이 같은 친구가 있었으면 좋겠다. 나 자신을 믿고 용기를 내자! 키는 작지만 할 수 있어!

최예나(4학년)

'내 이름은 삐삐롱스타킹'의 작가는?

『나의 린드그렌 선생님』 유은실 글, 권사우 그림, 창비

나는 이 책을 읽어보기 전에는 '린드그렌'이라는 사람이 있었는지도 모르고 있었다. 그런데 이 책을 읽어보니 엄마가 좋아하는 책인 『내 이름은 삐삐롱스타킹』의 작가라는 사실을 알게 되었다.(물론 엄마는 어릴 때 만화로 봤지만) 나는 린드그렌 선생님이 쓴 다른 책도 있나 우리 반 책장을 보았더니 '미오, 나의 미오'와 '산적의 딸 로냐'가 있었다. 그리고 '에밀은 사고뭉치'라는 책도 린드그렌 선생님이 쓴 책이었다.

이 책의 주인공 '비읍이'는 아빠가 계시지 않아서 엄마와 단 둘이 살고 있다. 비읍이는 린드그렌 선생님의 이야기를 책으로 읽는 것을 좋아하지만 엄마는 '삐삐'만 좋아할 뿐 린드그렌 선생님이나 책에는 관심이 없다. 한편 헌책방에 갔다가 만난 '그러게 언니'와 이야기를 나누면서 린드그렌 선생님께 드린 편지를 쓰지만 린드그렌 선생님이 돌아가셨다는 소식을 듣고 슬퍼한다. 그러자 그러게 언니가 비읍이에게 이런 말을 해준다. "린드그렌 선생님을 만난다는 것은 깨야 할 마음 속 구슬이었어. 그 분은 이미 오래 사셨거든. 우리는 마음속의 구슬을 깨고 제대로 된 진짜 구슬만 남겨야 진짜 어른이 되는 거

야." 나는 이 말이 인상적이었다. 나도 마음속에 깨야 할 구슬이 아직 많이 남아있고, 그것들을 모두 깨고 진짜 구슬만 남길 때까지는 오랜 시간이 걸리겠지만 나는 그 구슬들을 모두 깨야 한다. 그 구슬들은 나에게 아주 소중한 것이지만 그것을 극복해야 참된 사람이 될 수 있다는 말이다. 내 마음 속에는 어떤 구슬들이 있을까?

  한편 책을 잘 읽지 않는 비읍이의 엄마는 어느 날 갑자기 책을 5페이지를 읽었다. 잠이 들기는 했지만 언젠가는 한 책을 다 읽을 수 있을 것 같다. '린드그렌'이 누구인지도 몰랐는데 작품까지 자세히 알게 되어서 좋았다. 학교에서 한 번 꼭 읽어봐야겠다는 생각이 들었다. 그리고 비읍이에게 그러게 언니가 해준 말대로 내 마음 속 구슬을 언젠가 꼭 제대로 된 진짜 구슬만 빼고 모두 깨뜨릴 거라고 다짐했다.

✎ 양희수(4학년)

마음을 읽어주는 거북, 해리엇

『해리엇』 한윤섭 글, 서영아 그림, 문학동네

   이 책은 찰리라는 원숭이가 엄마와 떨어진 후 동물원에 들어가 다른 동물들의 마음을 이해하고 갈라파고스 거북 해리엇과의 약속을 지키는 이야기이다.

   처음에 찰리는 엄마와 평화롭게 숲 속에서 살고 있었다. 우리가 집에서 편하게 텔레비전을 보는 것처럼 말이다. 그러다 갑자기 사람들이 나타나 찰리를 가두고 동물원으로 데려갔다. 평화로웠던 삶이 한순간에 무너져 내렸다. 여기서 사람들이 정말 너무하다고 생각한다. 삶을 아예 망쳐버린 것이다. 부모님과 떨어져 고통스럽게 삶을 산다면 얼마나 슬플까? 입장을 바꿔서 생각은 해보지도 않은 채 찰리의 평화로운 삶을 뺏어갔다. 동물원에 갇힌 후 어떤 아이가 찰리를 사갔다. 숲에서 살고 있었는데 낯선 사람과 한 집에서 살다니… 나도 낯선 사람과, 낯선 사람의 집에 들어서면 뭔가 좀 불안하다. 찰리도 그랬을 것이다. 아이의 아빠가 관리하는 동물원으로 간 찰리는 해리엇이라는 갈라파고스 거북과 개코원숭이 스미스 등 다른 동물들을 만났다. 해리엇이라는 갈라파고스 거북은 마음을 헤아려주고 이해해 주는 그런 존재이다. 내가 힘들 때, 속상할 때 엄마가 나를 따뜻하게 안아주는 것처럼. 개코원숭이 스미스는 찰리를 괴롭히고 협박했다. 그 이유는 찰리가 동물원 밖으로 나갈 수 있는 열쇠를 가지고 있었기 때문이다. 그 때 해리엇이 나타나 찰리를 위로하고 몸도 마음도 찰리 곁에 있어주었다. 찰리는 정말 제 2의 부모님을 만난 느낌일 것 같았다. 해리엇이 찰리의 마음을 헤아려주고 항상 찰리의 곁에 있어 주는데 그럼 해리엇이 부모님이 아니면 누구인가? 해리엇은 이제 해가 뜨기 전까지 밖에 살아있지 못한다. 그 전에 인사를 나눈다. 동물들과의 작별 인사를. 나는 이 부분에서 마음이 뭉클했다. 해리엇은 누구의 잘못 때문이 아닌 나이가 들어서 죽는 것이다. 하지만 찰리한테는 해리엇이 부모님 같은 존재였기 때문에 누구보다도, 더 마음이 아플 것 같다.

　그 다음, 해리엇이 여기까지 온 이야기를 들려주었다. 어쩌다 동물원으로 오게 되었는지… 해리엇은 갈라파고스라는 섬에서 살고 있었다. 평화롭게. 그런데 그 섬에 사람들이 찾아와 동물들을 잡아갔다. 동물들을 배에 실고 떠났다. 해리엇도 같이 데리고. 사람들은 잡은 거북이들을 끼니로 먹기 시작했다. 그때 해리엇은 새끼 거북이였다. 나이가 많이 든 거북이들은 차례차례 인간들에게 잡아먹히고 다행히 해리엇은 잡아먹히지 않았다. 생각해보니 해리엇도 찰리와 비슷하게 잡혀 온 것 같다. 갈라파고스 섬에서 평화롭게 살고 있다가 사람들이 갑자기 찾아와 잡아 버렸으니 말이다. 이 부분에서 많은 생각을 했다. '사람'이라는 존재가 원래 되게 하찮고 약한 존재이다. 하지만 두뇌 하나로 모든 것을 지배해 동물들의 마음은 생각 안 하고 오로지 사람의 마음만 생각한다. 동물들은 사람들에게 잡아먹히거나 우리에 가둬 구경거리로 만든다. 오직 사람이 관람하려고. 이 부분은 우리가 동물에 대해 어떻게 생각하고 어떻게 대하는지 등을 깨닫게 만든다. 이젠 '동물' 이라고 하면 사람의 먹이나 동물원 밖에 생각나지 않는다. 우리가 동물들을 고통스럽게 대하면서도 우리와 입장바꿔 생각한 적은 한 번도 없을 것이다. 사람들은 동물들의 마음은 이해해 주지 못한 채 동물들은 하나하나 죽어간다. 해리엇은 갈라파고스 섬을 그리워한다. 다른 동물들은 생각에 잠긴다. 그러다 찰리는 근처에 바다가 있다는 사실을 알게 되었다. 동물들은 모두의 마음을 실어 해리엇을 바다에 데려다주었고 해리엇은 눈을 감았다.

이제는 사람들도 나도 동물들을 아주, 조금이라도 존중하고 배려해야겠다. 해리엇의 마음이 바로 이거였겠지? 『해리엇』이라는 책은 우리 모두에게 추천한다. 아마 우리들 중 동물들과 입장바꿔 생각하고 존중하는 애들은 거의 없을 테니까. 동물도 사람도 다 똑같이 소중한 생명이니 똑같이 행복하게 대해 주어야 한다. 사람이, 동물한테 해줄 수 있는 걸 찾아보고 그 생각을 실천으로 옮기는 게 필요하다. 나는 동물들을 위해서 동물 털로 만든 패딩을 하나 사면 내 보물처럼 소중히 여기고 오래 쓸 것이다. 지금은 나 혼자 다짐하고 약속했지만 조금씩 조금씩 다른 사람도 한 명씩 노력한다면 분명 우리가 동물들을 존중하고 지킬 수 있을 것이다! ✒ 최원희(4학년)

아웃!

『소리 질러, 운동장』 진형민 글, 이한솔 그림, 창비

　이 책은 배트도 없고, 글러브도 없었지만 항상 즐거웠던 막야구부의 이야기다.
　거짓말을 못해 팀에서 방출된 김동해와 야구를 좋아하지만 여자라는 이유로 야구부에 들어가지 못한 공희주, 이 둘은 졌다고 비난받지도 않고, 여자라고 못 들어가지도 않는 막야구부를 만든다. 배트와 글러브는 없었지만 모자와 주먹이 대신했고, 어설펐지만 항상 즐거웠다. 하지만 아이들이 거슬렸던 야구부 감독은 훼방을 놓기 시작했고 더 이상 물러날 수 없었던 막야구부는 야구부와 한판 승부를 벌인다. 7대 7 동점인 상황 2사 2루, 결승타가 될 수도 있는 안타가 나왔다. 공희주는 3루를 돌아 홈으로 뛰었다. 하지만 김동해는 또 "아웃!" 이라고 말하고 만다. 그랬지만 막야구부는 단 한 명도 동해를 비난하지 않았다. 그리고 경기도 동점으로 끝났다. 나는 여기서 야구부와 막야구부의 차이가 가장 잘 드러났다고 생각한다. 동해가 야구부에서 잘린 이유는 동해네 학교 편을 들지 않고 사실대로 아웃이라고 말해버렸기 때문이다. 그런데 경기에서 또 같은 행동을 했지만 막야구부는 아쉬워할 뿐 비난한 사람이 없었다. 같은 행동, 전혀

다른 반응으로 야구부와 막야구부의 차이를 명백히 보여준 것이다.

주목해야 할 것은 야구부 감독님의 성격이다. 감독님은 어른 말이라면 무조건 따라야 한다고 생각하는데 그건 좀 아닌 것 같다. 물론 버릇없게 굴라는 것은 아니지만 어른들이 무조건 강압적으로 자신의 의견만 내세우지는 않으면 좋겠다. 둘이 같은 높이에서 서로 상의하면 좋을 것 같다. 또 봐야 할 것, 야구부와는 다른 막야구부만의 매력이 있다. 공식적이지도 않고, 학교의 명예를 지키지도 못하지만 비록 어설프더라도 항상 열심히, 즐겁게 막야구를 했다. 막야구부의 아이들, 그리고 모든 운동장의 아이들이 앞으로도 계속 즐겁게 뛰어 놀았으면 좋겠다.

✎ 남정우(4학년)

우정과 깨달음, 그리고 성장

『달걀과 밀가루 그리고 마들렌』 이시이 무쓰미 글, 고향옥 옮김, 우리교육

　주인공인 나호와 아야가 중학생이 되면서 벌어지는 일들을 쓴 책이다. 난 처음에 학급문고에 이 책이 있을 때 책 제목 때문에 요리책인 줄 알았다. 보기와는 다르게 조금은 심오한 내용이었다.
　책에서 내가 인상 깊었던 내용은 두 가지가 있다. 첫 번째는 나호가 아야와 친해진 뒤 아야네 집에 놀러갔을 때다. 그때 아야가 나호에게 "난 초등학교 때 왕따였어."라는 말을 했다. 그게 사실은 좀 충격이었다. 친해진 지 조금 밖에 안 되는 친구에게 아픈 속사정을 털어놓다니… 나라면 상상도 못할 일이다. 하지만 그게 나호가 신뢰할 수 있는 아이란 걸 말해주는 것 같기도 했다. 아야가 부럽기도 했다. 그렇게 신뢰할 수 있는 상대가 있으니 말이다. 두 번째 인상 깊었던 장면은 나호의 엄마가 요리를 배우기 위해 프랑스로 떠나겠다고 한 것이다. 거기서 나호는 엄마를 붙잡았는데 그게 잘 이해가 되지 않는다. 왜냐면 나호의 엄마는 엄마이기 전에 한 사람인데 좋아하는 걸 발전시키고 즐길 권리가 있기 때문이다. 하지만 나호의 입장도 조금은 이해가 되었다. 나의 엄마가 머나먼 타지로 떠나서 몇 달 동안 있으면 나를 버리는 느낌도 날 것 같기 때문이다. 이렇게 글을 적

다보니 정말 나 자신과 토론하는 듯한 느낌이 들었다. 이 책은 정말 하나의 토론회 같다. 앞으로도 이 작은 토론회를 계속 해보고 싶다.

✐ 이은유(4학년)

진짜 친구

『양파의 왕따일기』 문선이 글, 박철민 그림, 주니어파랑새

    이 책에서 나오는 주인공 정화는 반에서 가장 인기 있는 양미희와 사귀고 싶어 한다. 양미희를 따르는 추종자들의 그룹인 "양파"에 들고 싶어 한다. 우연한 기회에 양파에 든 정화는 너무나 기쁘고 신이 나지만 양파 친구들이 반 아이들을 따돌리고 있음을 알게 된다. 특히 미희의 라이벌인 정선이와 대립을 하게 되면서 같은 양파였던 정선이를 따돌리게 된다. 이 상황에서 정화는 마음만 괴롭다. 결국 정선이가 전학을 가게 되면서 아이들은 '양파'에 대해 반성을 하게 된다. 정화는 미희에게 당당하게 잘못된 점을 이야기하며 정선이와 같은 일이 일어나지 않도록 다짐을 한다.

    나는 얼굴을 떠올리면 미소가 절로 지어지고 그 친구를 위해서라면 나의 것을 아낌없이 줄 수 있는 그런 친구가 진짜 친구라고 생각한다. 누구나 친구가 많으면 좋고 아이들이 자신을 친구로 사귀기를 바란다. 하지만 그 친구가 바로 약이 될 수 있고 독이 될 수도 있다. 이처럼 친구를 왕따시키는 일은 비겁한 짓이고 반대로 자기에게 그 불행이 돌아올 수 있는 일이기도 하다. 이 책은 친구의 우정을 깨닫게 해주는 좋은 책인 것 같다. ✎ 황세원(4학년)

초정리로 가는 훈민정음 편지

『초정리 편지』 배유안 글, 홍선주 그림, 창비

훈민정음, 백성을 가르치는 바른 소리란 뜻이다. 그런데 이 훈민정음을 반포했을 때 양반들은 글을 새로 배워야 하기 때문에 반대했다. 하지만 글을 모르는 백성들의 관점은 어떨까. 양반 대신 서민의 눈으로 훈민정음을 보고 싶어서 읽어 보았다.

주인공 장운은 서민인데 나무를 하러 갔다가 눈이 빨간 양반 할아버지를 만나 훈민정음이라는 새로운 글자를 배워서 누나 덕이, 친구 난이와 형 한 명에게 알려준다. 그런데 아버지가 빚을 갚지 못해 덕이가 남의집살이를 하러 가고, 장운은 석수 일을 배워 덕이와 편지를 주고 받으며 지낸다. 그러던 어느 날, 궁궐에 가서 일을 하게 되었는데, 그 곳에서 빨간 눈 할아버지를 만나고 바로 그분이 임금님이었다는 것을 알게 되고, 그날 덕이에게 집으로 돌아온다는 편지가 온다.

양반들에게는 한낱 한자를 밀어내는 얄미운 글자였겠지만 서민과 여자들에게는 서로를 이어주고 책을 읽을 수 있게 해주는 보석 같은 존재였을 것이다. 조선 사회를 모두 양반의 관점에서만 보지 말고 서민, 천민의 관점에서 역사를 보는 것도 좋은 것 같다.

✏️ 양희수(4학년)

300Km의 싸움과 화해

『못 말리는 아빠와 까칠한 아들』 뱅상 퀴벨리에 글, 거인

　이 책은 아빠와 아들이 여행을 하면서 싸우고 이해하고 화해하면서 좋은 경험을 만드는 이야기이다. 벤자민은 아빠가 억지로 여행을 가자고 해서 한 달 동안 여행을 하게 된다. 아빠는 벤자민에게 수많은 말을 걸어보지만 벤자민은 대답하기 싫은 표정을 한다. 작은 언덕에서 점심을 먹고 두 시간에 걸쳐서 캠핑장에 간다. 캠핑장에서 텐트를 치지만 금방 무너져서 아빠한테 화를 낸다. 그렇지만 수영도 하고 탁구도 치면서 화가 풀리기 시작한다. 다음날, 일어나니까 홍수가 나서 캠핑장을 떠나게 된다. 교회 아래에서 쉬는데 차 한 대가 그들 앞에 선다. 지나가던 할아버지였다. 하루 동안 할아버지 집에서 자고 바로 꼬마르끄 성에 간다. 꼬마르끄 성에서 아빠가 아들에게 장난을 치고 유명한 곳 생 자크에 가서 엄마 선물을 사고 기차를 타고 집에 온다. 여행을 하고 서로 싸우고 화해하고 장난을 치며 아빠는 아들을, 아들은 아빠의 마음을 이해하게 된다.

　벤자민은 말 그대로 까칠하다. 그렇지만 아빠한테는 더 까칠한 것 같다. 아빠한테 까칠하게 대하는 건 아닌 것 같다. 그래도 여행을 하면서 싫어하는 아빠를 좋아하게 돼서 다행이다. 우리 아빠는 나한테

한 번도 화를 낸 적이 없는데 종종 내 말을 안 들어주실 때가 있다. 아빠가 내 말을 잘 들어주셨으면 좋겠다.

여행을 하면서 싸우고 화해를 하고 대화하는 장면이 좋았고 아빠가 벤자민에게 하는 행동이 웃겼다. 아빠는 제멋대로 하고 아들은 고집불통이니까 당연히 싸우는 것 같다. 책이라서 다행이지 실제였으면 난리 났을 것 같다. 내가 사춘기가 오면 까칠한 아들이 될 수 있으니 그럼 아빠가 화내는 걸 충분히 볼 수 있을 것이다.

아빠와 아들이 싸우고, 화해하고, 장난치는 장면이 마음에 들었다. 기차 타고 집에 가는 장면에서 끝났는데 다른 재미있는 일이 있을 것 같아서 뒤의 이야기도 궁금하다. 아빠랑 많이 싸우는 친구에게 이 책을 추천하고 싶다.

김준결(5학년)

기억을 지워드려요

『한밤중 달빛 식당』 이분희 글, 윤태규 그림, 비룡소

나쁜 기억을 돈 대신 내고 음식을 사 먹어서 나쁜 기억을 지우는 이야기다.

연우는 집, 학교에서의 나쁜 기억들이 많다. 그러다 달빛 식당에 들어가서 나쁜 기억 하나와 음식을 바꾼다. 어느 날 갑자기 머리가 아파지면서 엄마와의 기억이 사라진다. 결국 연우는 달빛 식당에서 자신의 나쁜 기억을 돌려받기로 선택한다. 연우는 나쁜 기억을 돌려받고 행복해질 수 있을까?

나도 나의 나쁜 기억들을 떠올리며 그동안 힘들었던 일들을 이 책을 통해서 뭔가 풀 수 있었다. 그동안 내가 어떤 나쁜 짓을 했는지도 되돌아봤다. 연우만큼 힘든 일은 없었지만 그래도 나에겐 그리 좋은 기억은 아니어서 힘든 일이었다. 친구들과 놀다가 내가 밀쳐서 친구가 크게 다쳤는데 부끄러워서 사과하지 못한 게 나쁜 기억이다. 엄마에게 말해서 엄마가 해결 방법을 알려주셨고 그대로 했더니 해결된 게 떠오른다. 기억이 소중한지는 자신이 판단하겠지만 나 같으면 엄마에 대한 기억은 소중할 것 같다. 나쁜 기억 중에도 다시 생각해보면 소중한 기억으로 바뀔 수 있는 것이 있다. 나는 기억들이 모두

소중하다고 생각한다.

　마지막에 연우와 아빠가 집으로 돌아가면서 무슨 일이 있었는지 나오면 좋겠다. 집에 돌아갈 때 만난다면 어떨까? 만약 또 책이 나와서 여우네 식당에 아빠와 연우가 가서 또 나쁜 기억을 지운다면 어떻게 될지도 궁금하다. 나쁜 기억을 지우는 이야기니까 나쁜 기억이 떠오를 때 읽으면 좋겠다. 고민거리를 털어놓는 것에 대한 이야기니까 힘들 때 꼭 읽기 바란다. 비슷한 일을 겪었다면 더 좋을 것 같다.

✏ 현유정(5학년)

거창함보다 소소함

『방학 탐구 생활』 김선정 글, 김민준 그림. 문학동네

아주 거창한 방학 계획을 세운 다음부터 벌어지는 석이, 호, 경성이의 방학 이야기다.

1학년부터 5학년까지 여행을 가지 못하고 심심한 방학을 보냈던 석이는 왜 이렇게 심심한 방학 계획을 세우냐는 선생님의 꾸지람을 듣고 거창한 방학 계획을 세운다. 그 방학 계획 가운데 무인도에 가 보고 싶다고 한 것을 지키려고 아르바이트를 해서 돈을 번다. 그 돈으로 무인도에 가려 한 석이! 그렇지만 돈이 모자라다는 걸 알고 좌절한다. 그걸 본 친한 한수형이 자신의 고향 집인 칠금도에 가 보라 한다. 그 말을 들은 석이는 동생 호를 데리고 칠금도에 가는 길에 친구 경성이를 만나고 결국 경성이도 같이 칠금도에 가게 되는데 과연 그곳에서 어떤 방학이 펼쳐질까?

석이가 거창한 방학 계획을 세우지 않았더라면 원래의 방학처럼 심심한 방학을 보냈을 것이다. 그런데 나는 모험을 좋아하긴 해도 석이처럼 거창한 계획을 세우고 싶지는 않다. 거창한 방학 계획은 실천하기도 힘들고 그렇게 되면 방학 내내 그 계획을 실천하느라 힘들게 보낼 것 같기 때문이다. 그래서 나는 그냥 소소하지만 잘 실천

할 수 있는 그런 계획을 세우고 싶다. 하루에 10분 달리기, 하루에 줄넘기 100개, 하루에 자전거 30분 타기 등등. 그래도 심심하게 보내는 것보다는 석이처럼 거창하더라도 계획을 세워 보내는 것이 더 좋을 것 같다. 계획을 세우면 조금은 실천할 수 있는데 심심하게 보내면 실천할 것 자체가 없기 때문이다.

  석이가 거창한 방학 계획을 세워서 '어떻게 하면 이 계획을 실천할 수 있을까?' 하고 흥미를 가지고 몰입할 수 있는 점이 좋다. 그런데 여름방학만 쓰고 끝이 아니라 겨울에 방학을 한 것으로 끝내거나 시리즈로 만들면 더 좋을 것 같다. 이 책은 쪽수도 많지 않기 때문에 5학년이지만 읽기 능력이 조금 떨어지는 사람들이 읽기에도 좋다.

✐ 이성우(5학년)

겉과 속이 다른 게 나쁜 것만은 아니다

『늑대들이 사는 집』 허가람 글, 윤정주 그림, 비룡소

 험상궂지만 착하고 친절하며 마음도 여린 늑대들의 선행 이야기다. 책에서 늑대들의 이름은 따로 없이 귀의 모양에 따라 귀가 둥글면 둥근 귀, 뾰족하면 뾰족 귀, 처졌으면 처진 귀라고 부른다. 어느 날 늑대들이 "흠, 픔, 큼"하며 카드놀이를 하고 있을 때 길을 잃은 어린 양 남매가 찾아오고 늑대들은 양들을 친절하게 대접해주고 동생 양의 인형도 찾아준다. 둥근 귀는 카드게임에 져서 버섯 수프를 만들려고 버섯을 따러 가다가 버섯처럼 생긴 몽글 왕자를 만나게 된다. 뜬금없이 몽글 왕자는 자기 친구 돌멩이 마법사를 찾아달라고 하고 둥근 귀는 까마귀 둥지에 올라가 까마귀와 싸우면서까지 돌멩이 마법사를 구해준다. 처진 귀는 바싹 마른 나무뿌리를 발견하고 물을 주었는데 나무뿌리가 무서운 속도로 자랐다. 겁이 난 늑대는 엄마에게 해결방법을 묻고 상황을 해결한다. 아직 늑대들도 엄마의 손이 필요한 것 같다.
 이 책의 주인공인 늑대들은 착하고 친절하며 마음이 따뜻하다. 또 여러 동식물과 어울리며 돕고 살아간다. 얼굴이 험상궂으면 외모에 대한 스트레스 때문에 마음도 험상궂어지기 마련인데 착한 마음씨

를 유지한 게 본받을 만하다. 난 어린양들과 비슷한 경험이 있었는데 어릴 적 놀이공원에서 놀이기구를 탈 때 놀이기구 지키는 아저씨의 외모가 험상궂어서 아빠한테 갔다가 놀이기구로 갔다가 하며 30분 넘게 한참 서성였다. 그때 그 아저씨가 친절하게 "이거 탈 거니?"라고 물어봐서 결국 놀이기구를 타게 되었다. 험상궂게 생긴 아저씨가 친절하게 물어보는 모습이 마치 이 책의 늑대같다는 생각을 했다. 이 세상엔 착한 늑대 같은 사람이 많은 것 같다. 많은 사람들이 늑대 같은 사람들에게 겁먹지 말고 나처럼 도움을 받았으면 좋겠다.

나는 책에 나오는 몽글 왕자의 생김새와 왕 같은 말투, 자신이 돌멩이 마법사와 친구라는 등 이 책의 엉뚱한 생각이 참 마음에 들었다. 책을 읽기 전에는 제목만 보고 내용이 공포스러울 줄 알았는데 오히려 그 반대였다. 그땐 나도 고정관념 덩어리였나 보다. 주인공이 늑대라는 것도 마음에 든다. 보통 선행 이야기는 사람이나 순한 동물이 주인공인데 늑대라서 좋았다. 또 늑대의 생김새와 마음씨에 반전이 있어서 좋았다. 이 책은 고정관념에 틀어박힌 친구, 상상력이 부족한 친구들에게 추천한다. 이 책을 읽고 겉과 속이 다른 게 나쁘지만은 않다는 것을 알게 되었다. 챕터가 좀 더 많았으면 좋겠다.

✎ 이윤호(5학년)

꿈꾸는 동안 즐겁지 않으면 그게 무슨 꿈이니?

『이모의 꿈꾸는 집』 정옥 글, 정지윤 그림, 문학과지성사

　공부에 갇혀있던 진진이 '꿈꾸는 집'이라는 캠프에서 즐거운 꿈을 꾸게 되는 이야기다.
　진진이는 어느 날 '꿈꾸는 집'이라는 캠프에 가게 된다. 그곳에서 이모를 만나고 이모의 집에 있는 말하는 두레박, 참새, 거위를 만나고 며칠이 지나자 그런 것에 익숙해져 간다. 그러다 진진 또래의 남자아이 상수리를 만나게 된다. 상수리에겐 고민이 하나 있다. 그것은 바로 상수리가 피아노를 좋아하는데 피아노를 치려고 하면 손이 굳는다는 것이다. 이모가 말한 방법대로 피아노 건반들을 씻겨주고 나니 개운해졌는지 피아노가 쳐졌다. 진진이 여러 가지 꿈을 꾸며 캠프를 하고 있던 어느 날, 책장에서 자기가 여섯 살 때 만든 분홍 눈사람 그림책을 발견한다. 진진은 이모와 함께 분홍 눈사람을 만드는 꿈을 이루고 상상력을 되찾고 돌아올 수 있을까?
　이모는 시원시원한 성격이다. 남다른 꿈, 상상력, 창의력을 가지고 있다. 이모의 강아지 덩치는 개지만 배려심이 대단하고 마음이 넓다. 양보를 잘하기 때문이다. 나는 이모만큼의 상상력과 창의력을 가지고 즐거운 꿈을 꾸고 싶다. 내가 답답한 면이 좀 있어서 시원

시원한 성격도 닮고 싶다. 그리고 덩치만큼의 배려심과 넓은 마음을 가지고 누군가에게 도움이 되고 싶다.

  이 책에서 아쉬운 점은 딱히 없다. 더는 궁금한 점이 없고 이야기가 정말 흥미진진하고 유쾌하기 때문이다. 이 책은 인물 하나하나 다 매력이 넘친다. 이 가운데 맘에 들었던 인물은 거위다. 하늘을 날고 싶어서 매일 끈기 있게 도전하기 때문이다. 이 책은 진짜 이 책을 읽고 싶은 사람만이 열 수 있을 것이다. 그리고 이 책에 나오는 여러 가지 교훈은 지금껏 보지 못한 교훈일 것이다. 하지만 삶에 필요한 교훈이라고 느낄 것이다. 이 책을 읽는 동안만이라도 즐거운 꿈을 꿀 수 있을 것이다.

강정윤(5학년)

꿈꾸는 작가 지망생 소희

『나는 떨리는 별』 오유경 글, 풀빛미디어

　이 책은 항상 소심했던 주인공 소희가 도마뱀 선생님과 진영이를 만나면서 용기를 얻고 성장하는 이야기이다. 소희는 목소리가 작고 느려서 선생님과 엄마에게 혼이 나고 친구들에게 놀림을 받는다. 그러던 어느 날 선생님이 출산휴가를 가셔서 임시 선생님이 오시게 된다. 임시 선생님은 느리고 경쾌하게 말하며 반 아이들 이름을 부르지 않고 도마뱀으로 불렀다. 혜연이는 진영이가 아빠가 없다며 진영이를 놀리고 진영이는 소희의 도움을 받아 아빠가 있고 부자이며 잘 놀아준다고 거짓말을 한다. 그러나 그 거짓말은 들통나고 소희와 진영이는 혜연이에게 사과를 하고 반에서 공식 왕따가 됐지만 친하게 지내게 된다. 임시 선생님은 가셨지만 소희와 혜연이, 진영이는 더욱 친해졌고 소희는 용기를 얻고 성장하였다.
　소희는 소심하고 느리지만 속마음에는 재밌는 상상거리가 많은 아이이다. 소희는 가지고 있던 마리(공책)에다가 이야깃거리를 쓰는데 그것이 참 흥미로웠다. 나는 그냥 생각만 하고 말지 귀찮아서 안 쓰는데 소희는 그걸 일일이 다 적어두고 쓰는 걸 좋아한다는 게 대단하다. 마지막에 소희는 조금 더 용감해지고 혜연이와 진영이와 화해한다. 소희가 조금 더 용감해지니 마음이 왠지 모르게 뿌듯했다. 나도 3학년 때 많이 소심해서 발표도 잘 못 하고 울어버리곤 했다. 지금 나는 아주 많이 나아지고 발표도 잘한다. 아빠가 용기를 주시고 발표를 했을 때 칭찬도 해주시고 상도 주셔서 그때부터 시도하다 보니 이젠 발표가 재밌어졌다.

혜연이는 진영이에게 엄마 없다고, 엄마 없어서 그렇게 컸냐고 놀리는 바람에 진영이는 화가 나서 둘이 싸우게 된다. 솔직히 혜연이가 너무했다. 아무리 미워도 그렇지 엄마 없다고 놀리다니 충격적이었다. 나라도 혜연이와 싸웠을 것 같다. 그래서 혜연이와 진영이가 화해를 하고 친하게 지내는 결말이 나에게는 좀 뻔했다. 나라면 혜연이와 진영이가 화해는 하지만 친하게는 못 지낼 것 같다. 진영이는 그 정도로 심한 말을 들었으면 분명히 같이 다니기 싫었을 것이기 때문이다.

나는 이 책을 소희처럼 많이 소심하고 느린 친구에게 추천한다. 분명 도움이 될 것이다. 나는 이 책을 보기 전에 소심한 것을 극복했지만 그 전에 이 책을 봤더라면 충분히 많은 도움이 됐을 것이다.

✐ 신연우(5학년)

날아라, 아포르 뚜나다!

『갈매기에게 나는 법을 가르쳐준 고양이』 루이스 세폴베다 글, 이억배 그림, 바다출판사

과연 고양이가 갈매기를 키울 수 있을까? 『갈매기에게 나는 법을 가르쳐준 고양이』라는 책에서 몸집이 큰 검정고양이 소르바스는 어느 날 석유 기름이 잔뜩 묻어 죽어가는 갈매기를 도와주려고 한다. 그 갈매기는 자신이 품고 있던 알을 주며 "이 알을 키워 나는 법을 알려주세요!"라는 말을 한 후 세상을 떠났다. 소르바스의 친구인 꼴로네요, 사벨로또도가 이 알을 부화시키는 데 도와주고 이 갈매기 이름을 아포르 뚜나다라고 지어주는데…. 과연 아포르 뚜나다는 나는 데 성공할까? 이 책은 표현이 새롭고 풍부하다. 꼴로네요가 '이런 거북이 등껍데기 같은 경우가 있나' 하는데 재미있다. 다만 스페인 작가라 그런지 이름들이 한국인이 읽기에 어렵고 복잡한 아쉬움이 있다. 이 책 중 맨 마지막 표지에 있는 '날개만으로 하늘을 날 수 있는 건 아니야! 오직 날려고 노력할 때만이 날 수 있는 거지.'라는 말이 책을 다 읽고 공부하면서도 마음에 머물러 있었다. 나는 이 문장을 나의 버전으로 바꾸어 보았다. '지식만으로 시험을 잘 보는 것은 아니야! 오직 노력할 때에 시험을 잘 보는 거야.'이다. 조금 말이 되지 않게 바꾸었지만 그래도 이 글을 내 목표로 삼았다. 선생님께서 인

내심과 많은 생각을 하고, 표현력을 늘리라고 추천해준 것 같다. 이 책은 인내심이 적은 사람과 감동을 받고 싶은 사람이 읽으면 좋겠다.

✐ 이지수(5학년)

낯을 가려도 도움을 주는 개, 악당

『악당의 무게』 이현 글, 오윤화 그림, 휴먼어린이

개가 사람을 다치게 해서 그 개를 잡는 내용이다.

악당이라는 개가 사람한테 학대를 당해서 사람 다치게 하고 숲속에 숨는다. 수용, 한주가 악당을 숲에서 발견하고 너무 불쌍해서 먹이를 계속 갖다 준다. 그러다가 악당에게 다친 사람이 악당을 잡아서 죽이면 돈 500만원을 준다고 한다. 그래서 경찰, 돈 500만원을 노리는 사람들이 악당을 찾는데…

악당은 사람을 다치게 해서 만나는 사람마다 낯을 가린다. 자기를 잡거나 죽일지 모르기 때문이다. 개들은 사람을 보면 짖거나 무는데 그러지 않는 걸 보면 악당은 정말 좋은 개다. 그런데 악당이 물고 짖게 만든 걸 보면 얼마나 심하게 학대했는지 궁금하다. 동네 아저씨가 술 취해서 먼저 악당을 때려서 악당이 그 사람을 물었다.

사람들은 덫, 약 등 모든 걸 사서 악당을 잡으려고 한다. 사람들은 정말 나쁘다. 자기가 먼저 잘못을 해서 다쳤는데 자기를 다치게 했다고 개를 죽이려고 한다. 사람이 자기가 먼저 잘못했다는 생각을 못 하는 게 이상하다. 나는 커서 돈을 1억 이상 준다고 해도 생명을 잡아서 돈을 얻지 않을 것이다. 어른들도 생명이 소중하다는 것을 아는데 돈에 눈이 멀어서 생명을 죽이는 게 너무 나쁘다. 그림책 『이빨 사냥꾼』처럼 꿈에서 개들이 우리를 죽이러 올 수도 있다.

 이 책은 동물을 왜 학대하면 안 되는지 잘 나와 있다. 악당이 수용이 꿈에라도 나와 고맙다고 하는 장면 같은 게 없어서 약간 아쉽다. 이런 걸 넣으면 완벽한 책이 될 것이다. 동물을 사랑하지 않거나 학대를 하는 친구들에게 딱 맞는 책이다. 이 책을 읽으면 모든 생명과 친해질 수 있다. 그리고 상대방이 나에게 한 행동보다 내가 한 행동을 먼저 생각해 봐야 한다는 것을 알려준다.

🖉 김대연(5학년)

도깨비와 영호

『꼭 가요 꼬끼오』 서정오 글, 오윤화 그림, 문학동네

『꼭 가요 꼬끼오』 중 '도깨비 빗자루'는 주인공 영호가 도깨비를 만나서 자신을 구박하던 호식이를 나무라는 이야기다. 나쁜 호식이는 영호를 계속 구박하는데 어느 날 영호는 몽당빗자루가 재주넘기를 하는 모습을 봤다. 그 몽당빗자루가 재주넘기를 하더니 갑자기 얼굴이 붉고 덩치가 큰 도깨비로 변했다. 그 도깨비는 주위를 둘러보더니 놀란 영호를 보고 그를 진정시킨다. 영호의 말동무가 된 도깨비는 영호가 호식이를 싫어한다는 말을 듣고 영호에게 충고를 해 준다. 도깨비의 충고로 자신감을 얻은 영호는 호식이가 교실에 들어오자 호식이를 나무랐다.

영호는 대단하다. 영호는 되게 겁이 많고 소심한 아이다. 하지만 호식이가 뇌물을 받고 반장이 되어 친구들을 괴롭히기만 해서 호식이를 나무랐다. 나도 사이가 안 좋은 친구가 있다. 그 친구는 나를 잡아당기기도 하고 욕을 하기도 해 기분이 많이 나빴다. 엄마가 "그 친구의 기분을 살펴보고 맞춰 줘. 안되면 그 친구에게 대항하기도 해 봐."라고 말해 주셨다. 난 아무리 충고를 들어도 그 친구한테 뭐라 말하지 않는다. 그 친구가 무서워서 용기가 나지 않았다.

이 책에서 가장 중요한 사건은 도깨비가 영호에게 충고를 해 주는 장면이다. 도깨비는 영호에게 "너도 잘못이 있어. 너의 잘못을 알아야 돼. 그리고 다른 사람들에게 대응할 수 있게 변해야 돼."라고 말해 주었다. 도깨비의 충고가 없었다면 영호는 호식이에게 계속 구박을 받았을 것이다.『꼭 가요 꼬끼오』중 '도깨비 빗자루' 이야기를 소심한 친구들에게 추천하고 싶다. 이 책은 자신감 없는 친구들이 자신감을 얻기 딱 좋은 내용을 담고 있다. 주인공 영호도 원래는 되게 소심한 아이였는데 도깨비의 말 덕분에 자신감을 갖고 용기를 얻었다. 상대에 따라 적절하게 대응할 수 있게 되었다.

　　　　　　　　　　　　　　　　　　　🖉 이용전(5학년)

마음에 고스란히 전해지는 감동

『그 사람을 본 적이 있나요?』 김려령 글, 장경혜 그림, 문학동네

유명하지 않은 한 동화작가가 이야기 듣기 교실을 연다. 동화 작가는 자신이 가족에 대한 이야기를 들려준다. 건널목씨가 횡단보도가 없는 도로에다 카펫을 깐다. 그러고는 사람들은 그 카펫을 밟으며 안전하게 걸어간다. 그런데 이 동네 주민들이 건널목씨의 딱한 사정을 알고 마침 아파트 동 앞 경비실이 비었으니 그곳에서 지내라고 한다. 주민들은 건널목씨에게 필요한 생필품을 준다. 건널목씨는 그 대가로 아파트 분리수거도 하고, 동네 길가도 쓴다. 그런데 어느 날, 동네에 사는 도희가 건널목씨가 사는 경비실로 온다. 도희네 집은 자주 부부싸움이 일어나서 도희가 도망쳐온 것이다. 도희와 건널목 아저씨는 점점 가까워진다. 건널목씨는 수요일마다 엄마는 떠나고 아빠는 돌아가신 태석이와 태희를 찾아가서 다달이 월세도 내주고, 반찬도 사준다. 하지만 태석, 태희의 엄마가 찾아오는 바람에 건널목씨는 오지 않는다.

읽다 보면 마음속에서 울컥하는 내 자신을 보게 될 것이다. 건널목씨를 응원해주는 애틋한 마음도 알게 될 것이다. 그림이 어린 아이가 그린 듯 해 친근감을 일으키고 또 중간 중간 가족 간의 대화와

3명의 아이들의 대화가 있어 내용을 이해하는 데 도움을 준다. 정말 흠 잡을 곳 하나 없이 완벽하다. 선생님께선 나보고 감동을 느끼고 '글은 이렇게 쓰는 것이다.'라고 하면서 추천해주셨을까? 난 내 장래 희망인 '작가'에 한 발짝 다가섰다.

✎ 박유진(5학년)

마음을 배달해주는 손편지

『마음을 배달해 드립니다』 박현숙 글, 지우 그림, 좋은책어린이

형진이가 거짓말로 미지를 놀려서 사과하려고 손편지를 쓰는 이야기다.

형진이가 미지에게 사과를 주려고 하는데 미지가 더러워서 싫다고 짜증을 냈다. 그래서 화가 난 형진이는 채팅방에서 미지가 책상 밑에 코딱지를 붙인다고 흉을 봤다. 우민이가 진짜인지 확인하려고 미지의 책상 밑을 봤는데 그게 밥풀인 걸 알게 되어서 형진이가 미지한테 사과하려고 손편지를 써서 준다. 과연 미지는 형진이의 사과를 받아 줄까?

형진이는 화난다고 거짓으로 미지를 놀렸다. 좀 나쁘다. 나도 거짓으로 말한 적이 있었다. 이제는 다른 사람 기분도 생각하면서 거짓으로 말하지 않겠다. 형진이는 직접 말하기 부끄러워서 손편지를 썼는데 마음이 전달되는 것을 보고 친구들도 손편지를 쓰게 된다. 형진이 덕분에 마음을 잘 배달하는 반이 된 것이다. 편지를 쓴다는 것은 다른 사람에게 진심, 마음을 전하는 것이다. 편지는 화난 사람의 마음도 풀어줄 수 있다. 손편지를 쓰면 마음이 잘 배달된다는 것을 알 수 있어서 좋았다. 사람들이 손으로 편지를 쓰는 건 귀찮고 힘

드니까 안 쓰는 것 같다. 핸드폰 문자나 메시지는 직접 전해주지 않아도 되니까 편하지만 너무 간단해서 진심을 다 전할 수 없다. 손편지는 자세하고 길게 쓸 수 있어서 마음을 더 잘 전할 수 있다. 하지만 쓰기 전에 생각을 많이 하기 때문에 조금 불편하다. 나도 손편지를 통해 마음이 잘 배달된다는 것을 알게 되어서 편지 쓸 때 진심, 마음을 더 듬뿍 담아서 쓸 것이다.

  마음을 전하고 싶은데 방법을 모르는 친구, 마음을 전하고 싶은데 부끄러워서 마음을 잘 전하지 못하는 친구에게 추천하고 싶다.

✎ 김민정(5학년)

말주머니의 잔소리는 끝이 없다

『말주머니』 박가연 · 김점선 · 이현정 · 김임지 · 황성진 글, 정은선 그림, 웅진주니어

　세상에 '말주머니'라는 것이 생겨서 주인공 은수와 어머니가 싸우게 되는 이야기이다. 은수는 말주머니의 잔소리를 듣는 아이이다. 말주머니란 소리를 얼려서 봉투에 밀봉한 것이다. 은수는 마음이 참 괴롭고 힘들어서 편의점에 가서 반항하는 말주머니를 사서 엄마에게 들려주고 둘은 싸우게 된다. 말주머니가 너무 시끄러워서 아래층에서 신고를 하고 은수와 엄마는 벌금을 문다. 경찰이 말주머니 제 거액을 뿌리고 둘은 진짜 말로 화해를 한다. 은수와 엄마는 말주머니의 말보다 진짜 말이 더 좋다는 것을 깨닫고 말주머니를 모두 쓰레기통에 버리면서 이야기는 끝이 난다.
　난 이 이야기가 공감이 된다. 책에서 나오는 말주머니의 잔소리처럼 나도 매일 엄마의 잔소리를 듣기 때문이다. 잔소리의 종류는 다양하다. TV 좀 그만 봐라, 청소해라 등 여러 가지 잔소리를 골고루 듣고 있다. 그때 별 생각이 다 든다. 짜증나고 지겹고 '내가 왜 이 잔소리를 듣지?' 생각하게 된다. 여러 가지 잔소리를 들으면 머리가 아파진다. 엄마가 잔소리를 그만하면 좋겠다. 역시 책이나 현실이나 다 똑같다. 이 책을 읽은 아이들은 대부분 공감할 것이다. 잔소리를

좋아하는 사람은 없기 때문이다.

　엄마와 나는 많이 싸운다. 하지만 싸우면 바로 화해를 한다. 그래서 싸우는 데 크게 문제는 안 된다. 이제는 평화롭게 싸우지 않으면 좋겠다. 그렇게 빨리 됐으면 좋겠다. 그래야 엄마와 조금 더 가까워질 수 있기 때문이다.

　이 책은 내가 읽은 책 중 재미있는 책 8위로 선정할 정도로 재미있다. 말주머니라는 물건이 흥미로웠고 공감되었기 때문이다. 만약 내가 말주머니를 만든다면 나는 목소리가 나오는 시간을 5분으로 단축시킬 것이다. 말주머니가 말하는 시간이 너무 길면 짜증날 것 같기 때문이다. 나는 이 책을 잔소리를 많이 듣는 아이들에게 추천한다.

　　　　　　　　　　　　　　　　　　　　　🖉 김은성(5학년)

반 친구들 돈 갚기 소동

『돈잔치 소동』 송언 글, 윤정주 그림, 문학동네

   『돈 잔치 소동』은 윤지가 반 친구들에게 이유 없이 돈을 줘서 반 친구들이 윤지의 돈을 갚는 과정이 담긴 책이다. 윤지가 반 친구들에게 이유 없이 돈을 줬다. 수연이가 일기에 윤지가 반 친구들에게 돈을 줬다고 쓴 게 이 이야기의 중요한 시작이다. 수연이가 일기에 쓰지 않았다면 윤지의 돈 잔치 소동은 친구들이 돈을 갚지 않고 넘어 갔을 것이다. 선생님께서 그 사실을 알고 돈을 받은 친구들에게 돈을 갚으라고 했다. 다른 친구들은 여러 방법으로 노력해 다 갚았다. 황도움만 돈을 안 갚아서 돈을 갚을 때까지 윤지와 매일 벌을 받아야 했다. 매일 벌을 받다 못 참은 윤지가 황도움에게 오천원을 주고 그 돈으로 돈을 갚으라고 했다. 선생님은 그 돈이 윤지 돈인지 모른 채 돈 잔치 소동은 끝이 났다.

   윤지는 생각보다 행동이 먼저인 것 같다. 뒷일은 생각하지 않고 돈 잔치 소동을 시작했기 때문이다. 황도움은 부모님의 마음을 잘 헤아린다. 황도움의 부모님은 돈 걱정을 많이 하신다. 부모님께 돈으로 마음 아프게 하지 않고 싶어 윤지의 돈을 갚아야 한다는 말을 못하고 윤지 돈도 갚지 못했다.

친구들은 여러 가지 방법으로 힘들게 돈을 구해서 갚으며 돈의 소중함을 깨달았을 것이다. 돈을 안 갚은 황도움에게 윤지가 자기 돈 오천원으로 갚으라고 했다. 그 모습을 보니 윤지가 돈으로 해결하려는 게 무책임하다. 돈으로 해결이 안 되는 게 있는데 계속 돈으로 해결하려고 한다. 친구가 화났을 때 친구의 화를 돈으로 풀어 줄 수 없듯이 윤지가 돈을 주지 말고 황도움이 갚을 때까지 기다리는 것이 더 좋겠다.

이 책은 돈의 중요성을 알려 준다. 그래서 돈을 막 쓰는 친구들이 읽고 돈의 소중함을 깨달아 돈을 좀 더 효율적으로 쓰면 좋겠다.

✐ 김선영(5학년)

삶에 진짜 필요한 것

『꽃들에게 희망을』 트리나 폴러스 글, 김석희 옮김, 시공주니어

    이 책은 두 애벌레들이 힘들게 나비가 되는 과정을 담은 이야기이다. 어느 날 호랑 애벌레가 나뭇잎에서 태어난다. 호랑 애벌레는 크자 여행을 떠나고 애벌레 탑을 오르려고 하는 노랑 애벌레를 만났다. 호랑 애벌레와 노랑 애벌레는 애벌레 탑에서 내려와 같이 행복하게 살았다. 하지만 호랑 애벌레는 애벌레 탑 위에 무엇이 있을지 궁금해 노랑 애벌레를 버리고 애벌레 탑을 다시 올라간다. 버려진 노랑 애벌레는 길을 가다 고치를 발견했는데 그 고치는 애벌레는 모두 나비가 될 수 있다고 말했다. 결국 노랑 애벌레는 나비가 되기 위해 용기를 내어 고치를 만들었다. 호랑 애벌레는 애벌레 탑 정상까지 갔지만 아무것도 없었다. 나비가 된 노랑 애벌레는 호랑 애벌레를 만나러 애벌레 탑에 갔다. 호랑 애벌레는 노랑나비를 보고 자신도 나비가 될 수 있다는 희망을 품고 애벌레 탑에서 내려왔다. 호랑 애벌레도 노랑나비의 지시에 따라 고치를 만들어 나비가 됐고 결국 둘은 나비가 되어 만난다.
    노랑 애벌레는 참 용감하다. 처음 해보는 고치를 만들면서 죽을 수도 있다는 생각이 나 무서웠을 텐데도 고치를 만들었기 때문이다.

나 같으면 '죽으면 어떡해, 나비가 안 되면 어떡해.' 하는 생각으로 그냥 죽을 때까지 애벌레로 살았을 것이다. 또 노랑 애벌레는 참을성도 많다. 호랑 애벌레가 나비가 되려면 많은 시간이 들텐데 가만히 기다려주었기 때문이다. 난 벌레, 동물 다 무서워하고 참을성도 없어서 잘 넘어지기도 하고 놀라기 때문에 용감하고 참을성도 많은 노랑 애벌레가 부럽다.

이 책을 처음 읽었을 때 제목이 왜 『꽃들에게 희망을』인지 몰랐다. 근데 두 번째 읽을 때 알았다. 고치였던 애벌레가 말했다. "나비가 많으면 꽃의 씨를 퍼트려 줘."라고. 이 책은 4학년 겨울방학에 처음 읽어서 그때는 이 말이 이해가 안 됐는데 지금은 생명 시간에 배워서 안다. 좀 더 알아가고 배워가는 내 자신이 뿌듯하다.

내 생각에 삶에 진짜 필요한 것은 사랑인 것 같다. 호랑 애벌레와 노랑 애벌레는 서로 사랑했기에 마지막에 만날 수 있었던 것 같다. 사랑하지 않았다면 평생 노랑 애벌레와 호랑 애벌레는 나비가 되지 못했을 것이다. 호랑 애벌레와 노랑 애벌레가 결국 만났지만 호랑 애벌레가 나비가 된 후 어떻게 되었는지 궁금하다. 나는 이 책을 절망에 빠지거나 힘든 사람에게 추천해 주고 싶다. 이 책에 노란색이 많이 나오는데 노란색이 밝아서 희망을 주는 것 같다. 그래서 심리적으로 힘든 사람이 읽으면 좋겠다.

✐ 안세희(5학년)

새엄마에게 정이 든 보라

『나의 비밀 일기장』 문선이 글, 정문주 그림, 푸른숲주니어

　보라와 보람이의 엄마 아빠는 이혼을 했다. 둘은 아버지와 함께 살고 있다. 보라는 새엄마가 생긴 걸 싫어하고 아버지는 엄마에게 말하지 않는다. 보라는 어른에게 반항하고 하지 말아야 하는 행동을 한다. 그치만 보람이는 어려서 새엄마가 생겨도 좋아한다. 나는 보라가 이해가 된다. 보라의 아버지는 평소 긴 생머리를 좋아하는데 새엄마가 머리카락을 잘라도 "예쁘네."라고 한다. 보라는 아버지가 엄마한테는 한 번도 이런 얘기를 안 했으면서 새엄마한테만 그런 얘기를 했다고 짜증을 낸다. 엄마와 아빠가 이혼한 것만으로 싫을 텐데 새엄마까지 생겨서 어린 나이에 마음의 상처를 심하게 받았으니까 나도 왠지 새엄마가 생기면 보라처럼 행동할 것 같다. 보라는 새엄마와 함께 찍은 가족사진을 들고 와서 새엄마의 얼굴만 살살 도려냈다. 난 새엄마가 싫어도 그런 짓은 안 할 것이다. 가족사진을 오려 버리면 사진을 찍은 이유가 없고 새엄마는 보라에게 잘해주는데, 버릇없이 행동하니까 오히려 새엄마가 나를 미워할 것 같기 때문이다. 그 후 새엄마가 아프게 되는데 그 때 보라가 처음으로 새엄마에게 "엄마."라고 부르며 손을 잡았다. 난 보라가 훌륭하다고 생각한다.

그동안 새엄마에게 한 행동이 잘못되었다고 생각하고 먼저 엄마라고 말하고 손을 잡은 것 같다. 보라는 이제 새엄마에게 반항하지 않고 새엄마에게 미안해했을 것 같다.

보라는 새엄마와 같이 살다 보니 공통점이 많다는 걸 깨닫는다. 새엄마와 얘기를 하며 새엄마도 보라와 비슷한 나이에 새엄마가 생겼다는 것을 알게 된다.

보라가 친엄마랑 얘기하다 엄마가 "엄마도, 아빠처럼 재혼할 것 같아."라고 할 때는 마음이 모래성이 파도에 쓸려나간 것 같았을 것이다. '엄마랑 이젠 더 이상 못 사나?'라는 생각이었을 것이다. 내가 보라라면 안 된다고, 제발 재혼하지 말라고 빌었을 것이다. 보라의 삶이 너무 안쓰러워 보였다. 하지만 보라 엄마 아빠는 서로 이혼을 한 것이 잘한 일 것 같다. 물론 보라는 아닐 수도 있겠지만 하루 종일 엄마 아빠가 싸우면 보라와 보람이에게도 영향이 있을 거고, 엄마 아빠의 그런 모습들이 보기 싫었을 것 같다.

처음에는 새엄마가 생겨서 보라가 안됐다고 생각을 했는데 이 책을 끝까지 읽고 나니까 이혼하고 아빠하고만 같이 사는 것보다는 식구가 조금이라도 많은 것이 좋다고 생각했다. 나를 챙겨주는 사람이 있어야 행복할 것 같다. 이 책은 평소에 부모에게 반항하거나 비밀 일기장을 쓰거나 비밀이 있는 친구에게 추천한다. 이 책을 읽는 동안 감성이 풍부해졌다.

✐ 양서현(5학년)

샌드위치 도둑을 잡을 수 있는 아주 특별한 방법은?

『샌드위치 도둑』, 앙드레 마루아 글, 파트릭 두아용 그림, 이마주

 알랭이 점심으로 싸오는 샌드위치가 매일 없어져서 범인을 찾는 이야기다.
 월요일, 알랭이 가장 좋아하는 점심인 샌드위치가 없어져서 범인 찾기에 돌입한다. 점심시간에 범인을 찾지 못하고 공책에 범인을 추리한다. 화요일에는 방울까지 달아 두었지만 방울 소리를 듣고 달려갔는데도 이미 샌드위치는 없어졌다. 수요일, 샌드위치는 없어지지 않았지만 목요일에 샌드위치가 다시 없어진다. 알랭은 엄마와 함께 샌드위치 도둑 찾기에 들어간다.
 알랭네 엄마는 아들만 바라보는 어마무시한 아들바보다. 하나뿐인 아들을 위해 매일 맛있는 샌드위치를 싸주는 것이 정말 대단하고 알랭의 샌드위치를 가져간 범인을 찾을 수 있게 가장 크게 도와준 장본인이니깐. 근데 아이한테 너무 집착하면 아이가 싫어할 수도 있고, 오냐오냐해주면 너무 막 나갈 수 있어서 적당히 집착해야 한다. 나는 우리 엄마, 아빠가 나에게 집착하면 좋겠다. 언니들과 엄마, 아빠의 관심을 나누니깐 나는 관심 받는 게 별로 없다. 집착이 싫을 수도 있는데 나는 심한 집착이 아니라면 받아줄 수 있다.

알랭네 엄마가 아주 특별한 샌드위치를 만든 게 이 책의 가장 핵심이다. 그 샌드위치 덕분에 범인을 잡을 수 있었다. 나는 그 샌드위치가 보통 샌드위치와는 다르고 오직 알랭네 엄마만 만들 수 있는 아주 특별한 재료로 만든 아주 특별한 샌드위치라고 생각한다. 특별한 샌드위치가 뭔지 궁금하다고? 그럼 '샌드위치 도둑' 책을 꼭 읽어 봐!
　나는 추리하는 걸 좋아해서 이 책이 무지 맘에 든다. 나처럼 추리를 좋아하는 친구들이 읽으면 좋겠다. 범인이 누굴지 생각하면서 읽으면 더 재미있게 읽을 수 있어! 그리고 범인을 잡는 특별한 방법이 궁금하면 꼭 읽어보길.

✎ 조아영(5학년)

성공을 하는 방법, 도전

『푸른사자 와니니』 이현 글, 오윤화 그림, 창비

　이 책은 암사자 무리의 어린 사자 와니니가 말라이카를 죽였다는 누명을 쓰고 쫓겨났지만 용기를 가지고 와니니답게 초원에서 살아가는 이야기다.
　암사자 무리의 대장은 마디바인데 무작정 와니니를 버린 건 잘못된 것 같다. 또 그 때 와니니의 마음은 되게 속상했을 것 같다. 무리에서 쫓겨나면 절망했을 것 같은데 와니니는 긍정적인 마음을 가지고 홀로 초원 생활을 하다니 대단하다. 와니니도 처음에는 되게 절망했다. '나는 이제 곧 하이에나나 수사자에게 물려 죽을 거야.'라고 생각했다. 하지만 곧 긍정적인 마음을 가지고 초원에서 살아남기 위해 용기 있는 도전을 했다. 물론 도전을 하는 건 힘들 것이다. 와니니는 처음엔 풀과 열매 따위를 먹다가 수사자 두 마리를 만나서 무리를 짓고 토끼나 누를 사냥하게 되었다. 그럴 무렵 피 때문에 쫓겨난 말라이카를 무리에 끼워주고 멋진 모습을 갖추게 되었다. 그때 무투 무리가 마다바의 영토를 침입하려는 걸 알아차리고 무투 무리를 물리치고 다시 와니니의 엄마들과 만났고 마디바는 무리에서 놀림을 받았다.

이 책은 도전과 그 과정, 도전의 마음가짐을 설명해 주고 있는 것 같다. 긍정적인 마음으로 도전을 하면 조금씩 자라는 동안 성공할 수 있다는 걸 알았다. 이 책은 도전을 하기 싫어하고 귀찮아하는 친구에게 추천한다. 그 친구들도 이 책을 읽으면 도전이 얼마나 중요한지 알 수 있을 것 같다. 나도 작은 도전으로 조금씩 자라면서 큰 도전을 할 것이다.

✐ 김채령(4학년)

솔직하게, 사실대로 말해줘!

『도망자들의 비밀』 김혜연 글, 배현정 그림, 바람의아이들

『도망자들의 비밀』은 사이가 안 좋았던 경수, 민기가 뜻하지 않게 일을 저질러 도망가며 다치고 울고 또 친해지는 이야기다. 경수와 민기가 학교에 남아 반성문을 쓰고 집에 가는 길에 게임 한 판을 하려는데 게임기가 돈을 먹어 발로 찼다. 지나가던 할아버지께서 돈을 안 내고 게임을 하는 줄 알고 화를 내며 둘을 잡으려 하는 과정에서 넘어져 떡볶이 국물이 흘렀다. 경수와 민기는 떡볶이 국물이 피인 줄 착각해 할아버지가 죽었다고 생각하게 됐고 도망을 친다. 둘은 그 과정에서 서로에 대해 알게 된다.

나는 이야기 처음 부분에 경수가 말썽만 부리는 개구쟁이인 줄 알았다. 하지만 알고 보면 속 깊고 남을 잘 생각해 주는 친구다. 내가 생각하기엔 경수가 집안 사정이 안 좋아서 일부러 더 밝게 지내는 것 같다. 속으로는 무지 힘들 텐데 엄마, 친구들을 생각하며 티 하나 내지 않는 경수가 대단하다. 경수를 만나게 된다면 "너 정말 잘하고 있어. 가끔은 힘들면 힘들다고 솔직하게 말하는 게 좋아."라고 말해 주고 싶다. 지금처럼 항상 경수가 밝게 지냈으면 좋겠다. 하지만 민기에게 야구공을 던지고 싸움을 벌인 것은 잘못된 행동이다. 만약

먼저 사과를 했더라면 할아버지가 넘어지지도 않았으며 이런 일이 생기지도 않았을 텐데... 그래도 경수는 민수라는 가장 좋은 친구를 만났다.

나는 할아버지가 넘어졌을 때 바로 부모님께 말씀드렸으면 어떻게 됐을지 궁금하다. 그럼 도망갈 일도 없었을 텐데. 나는 엄마가 게임을 그만하라 했는데 몰래 더 한 적이 있었다. 엄마가 오기 전까지 계속 두근거렸다. 둘은 1박 2일 내내 이런 기분이었을 텐데 나라면 그냥 다 말해버렸을 거다. 말하고 싶은 비밀이 있는데 용기가 없는 친구가 있다면 경수와 민기를 보며 용기를 얻고 사실대로 솔직하게 말할 수 있을 거다.

나는 곤란한 일을 어떻게 해야 할지 고민하며 서로를 알아가는 내용이 인상 깊다. 나였으면 "너 때문이야"라며 남 탓을 하고 그 자리에서 싸우기만 했을 거다. 이 책에서는 무슨 일이 있다면 해결을 하려고 노력하라는 이야기를 한다.

✏️ 김민서(5학년)

슬픈 일, 나쁜 일이 사라져야만 즐겁고 행복한 것은 아냐

『한밤중 달빛 식당』 이분희 글, 윤태규 그림, 비룡소

   이 책은 슬픈 일, 나쁜 일이 없으면 행복할 줄 알았던 연우가 꼭 즐겁고 행복하다는 것은 아니라는 것을 깨닫는 이야기다
   연우가 어릴 때 엄마가 돌아가셨다. 연우의 아빠는 연우 엄마가 돌아가신 걸 잊으려고 매일 밤마다 술을 드신다. 연우는 그런 아빠가 싫다. 연우는 가끔 올라와서 놀았던 언덕에 올라간다. 그런데 그곳에 처음 보는 식당을 발견한다. 바로 나쁜 기억을 받고 음식을 주는 식당이었다. 연우는 나쁜 기억이 사라지면 행복할 거라고 생각한다. 나쁘고 슬픈 기억을 주고 나니 겪었던 슬픈 일, 저질렀던 나쁜 일이 아무렇지 않게 되었다. 하지만 친구의 돈을 몰래 훔쳤는데 그 기억이 없어서 창피를 당하게 되기도 하고, 나쁜 기억을 모든 줘서 아무것도 모르게 되는 아저씨를 만나게 된 후 연우는 슬프고 나쁜 일이 없어져야만 행복한 게 아니라는 걸 깨닫는다.
   나는 슬프거나 나쁜 기억이 머릿속에서 사라지면 모든 기억을 줘버린 아저씨처럼 된다는 것을 깨닫고 식당에 가서 모든 기억을 되찾기로 한 일이 이 책에서 가장 중요한 일이라고 생각한다. 깨닫지 못했다면 영영 생각을 못하고 살았을 것이다.
   이 책은 나쁘고 슬픈 기억이 없으면 행복하지 않다는 교훈이 있어

좋다. 나는 연우의 마음이 이해가 되었다. 나도 슬프거나 나쁜 기억이 없으면 좋은 기억만 남아서 행복할 줄 알았다. 근데 아니었다. 내가 나쁜 짓을 했다면 그 기억이 머릿속에 있어서 심장이 벌렁거리고, 사소한 일에도 놀라게 되지만 그 일이 내 머릿속에 아예 없으면 나는 거짓말쟁이가 된다. 예전에 내가 다른 친구에게 키가 작다고 놀린 적이 있는데 그 친구가 울었다. 사과는 했지만, 미안하고, 창피해서 기억하고 싶지 않은 일이다. 그런데 그 일을 기억을 안 하게 되면 같은 잘못을 저지를 것이다. 그러니 나쁜 일이라도 기억을 해야 한다. 슬프고 나쁜 일을 기억을 잘 해서 다시 하지 않아야 하고 나쁜 일을 저지르면 피해자에게 사과해야 하고 반성을 해야 한다.

✎ 이은채(5학년)

슬픔은 이겨내라고 있는 것

『분홍문의 기적』 강정연 글, 김정은 그림, 비룡소

   김지나씨가 두부를 사러 가다 교통사고를 당한 후 나진정과 나활발이 많이 달라졌다. 모범생이었던 활발이는 학교를 안 가고 나진정은 모자 가게를 때려치우고 술만 마시기 때문이다.
   행복한 가정이라면 김지나씨가 죽고 나서도 꿋꿋이 다 잊고 살아갈텐데 나진정씨와 활발이는 집안의 중심이 사라지니까 모든 것을 내려놓은 것 같다. 그래도 밥은 꼬박꼬박 챙겨 먹고 청소는 잘해서 다행이었다. 진정씨와 활발이는 서로 무심한 듯 챙겨주고 슬프거나 기쁜 일을 같이 나누어서 정말 좋은 아빠와 아들 사이 같다. 그런데 이야기를 자주 하지 않고 서로 표현을 하지 않으니까 더 슬퍼지는 것 같다.
   슬픔을 이겨내기 위해서는 서로 이야기를 좀 더 많이 하고 자기 자신의 감정을 솔직하게 표현하면 될 것 같다. 활발이도 이름처럼 학교에 다니면서 친구 관계를 맺고 즐겁게 놀면 나아질 것이다. 나진정씨도 술을 줄이고 자신이 좋아하는 일을 찾아서 해 보면 괜찮을 것 같다. 두 사람은 오히려 슬픔을 더 크게 만들고 있는 것 같다. 앞으로 둘이 자주 놀러 다니고 이야기하고 지냈으면 좋겠다.

이 책은 '슬픔을 이겨낼 방법'을 생각해 보라고 만든 것 같다. 보통 슬픈 책이면 오로지 슬픈 이야기가 유치하고 단순하게 나왔는데 이 책은 마치 본인의 이야기처럼 슬픔이 잘 드러나 있다. 앞으로 '슬픔을 이겨낼 방법'과 '기쁨을 크게 할 방법'을 찾아봐야겠다.

✐ 박예슬(5학년)

앞으로는 이렇게!

『짜장면 불어요!』 이현 글, 윤정주 그림, 창비

나이가 얼마 되지도 않는데, 벌써 부정적인 생각을 가지고 있는 용태가 너무 안타깝다. 기삼이가 한 말에 "이렇게 하면 어떡하려고요?" "저렇게는 안 될 텐데…."같은 부정적인 대꾸 같은 것을 많이 했다. 지금은 조금만 가지고 있다고 해도 만약 이게 실제라면 나중엔 부정적인 생각이 쌓이고 또 쌓여서 삶에 대한 모든 것을 부정적이게 생각하여 성적이 잘 못 나왔을 때 우울증, 자해 그리고 심하면 자살까지 이어질 수 있다고 생각한다. 난 『짜장면 불어요!』 작품을 보며 용태의 부정적인 생각이 가장 걱정되었다. 그리고 나도 저렇게 부정적인 면이 있는지 생각해 봤다. 잘 되지 않아도 긍정적인 생각을 갖는 것이 삶을 행복하게 살 수 있는 최선의 방법이라고 생각한다. 나도 늘 긍정적이게 살려고 노력하고 있다. 하지만 너무 긍정적이면 조금 안 좋은 면이 있다. 나쁜 일에서도 '괜찮아, 괜찮아. 이건 이렇게 해서 이렇게 하면 좋은데?'라고 생각할 수도 있다. 정말 항상 뭐든지 적당히 생각해야 한다. 음식도 간을 적당히 하듯 용태가 본인의 부정적인 모든 생각을 버리긴 힘들어도 조금씩, 조금씩 기삼이처럼 긍정적이게 되었으면 좋겠다. 그리고 또 바라는 것이 많은데 기삼이의 살짝 짜증나게 만드는 말투는 조금만 버렸으면 좋겠다. 책 주인공들을 이렇게 실존인물처럼 얘기해주고 조언해준 건 처음인데 진짜 나중에 2편이 나온다면 이런 캐릭터가 되었으면 좋겠다.

✎ 박나린(5학년)

용돈이 부족한 친구들에게

『용돈은 항상 부족해!』 이현주 글, 선영란 그림, 리틀씨앤톡

　이 책은 항상 용돈이 부족한 새봄이라는 여자아이가 용돈을 받기 위해 애쓰다가 나중에는 기부도 하고 저금도 하며 생각이 바뀌게 되는 이야기이다. 새봄이는 용돈만 있으면 뭐든지 살 수 있다고 생각하고 용돈을 받기 위해 애쓴다. 새봄이가 졸라서 결국엔 일주일에 3000원씩 용돈을 받게 된다. 새봄이는 용돈을 다 쓰고 부모님께 용돈을 더 달라고 조르지만 부모님께선 안 된다고 하신다. 새봄이는 결국 홈 아르바이트를 해서 돈을 받아 친구 생일 선물도 사고 필요한 곳에 돈을 쓰게 된다. 그러던 어느 날, 새봄이는 예쁜 캐릭터 그림이 그려져 있는 용돈 기입장을 엄마한테 받게 된다. 용돈 기입장을 쓰고 나서부터 새봄이는 저금도 하고 기부도 하게 된다.

　새봄이의 행동은 조금 예의 없는 행동이긴 하지만 그래도 용돈을 얻기 위해 하는 행동이 조금 이해가 간다. 왜냐하면 나도 이런 경험이 있었기 때문이다. 4학년 때 처음으로 엄마한테 용돈을 더 달라고 졸랐다. 엄마가 일주일에 1000원을 주셨는데 역시나 부족했다. 그래서 새봄이처럼 엄마께 용돈을 올려달라고 했다. 엄마는 당연히 "안 돼!"라고 하셨고 나는 하늘이 무너지는 줄 알았다. 많이 속상하고 화

가 났다. 나 자신이 불쌍하게 느껴지기도 했다. 이때 새봄이의 마음은 어땠을까? 아마도 필요한 데에 돈을 못 쓰니까 내 마음이랑 비슷했겠지? 새봄이는 처음엔 용돈을 더 달라고 졸랐지만 용돈기입장을 쓰면서 용돈도 아껴 쓰게 되고 텔레비전에서 지구촌 빈곤 아동에 대한 이야기를 다룬 프로그램을 보고 가슴이 아파 기부도 하게 되었다. 나는 이런 새봄이가 대단하게 느껴졌다. 나도 저금을 하고 싶다는 생각이 들어서 요즘 저금을 하려고 노력하고 있다. 대단한 새봄이를 본받고 싶다.

용돈을 더 받으려고 노력하던 새봄이가 저금하기 위해 노력하며 행동이 확 바뀌어서 이 책이 흥미로웠고 재미있었다. 나는 이 책을 용돈이 더 필요하다고 생각하는 친구들에게 추천하고 싶다. 용돈이 부족한 친구들도 이 책을 읽고 부모님과 합의도 하고 스스로 용돈 관리를 잘할 수 있게 될 것 같기 때문이다. 매일 용돈 문제로 싸우는 부모님과 학생들에게도 이 책은 도움이 될 것 같다. 서로 싸우지 않을 방법을 찾아 나가면 될 것이다. 또 홈 아르바이트 같은 방법을 잘 이용하면 용돈 문제도 해결할 수 있을 거라고 생각한다.

✐ 장유주(5학년)

우리 할아버지가 생각나는 이야기

『무에타이 할아버지와 태권 손자』 김리라 글, 김유대 그림, 웅진주니어

　태국에 계신 할아버지가 관우를 만나러 한국에 왔다. 할아버지를 처음 만났을 때는 좋아했지만 점점 귀찮아했다. 태국어를 몰라 말도 많이 안 나눴다. 관우는 수호 때문에 할아버지가 무에타이 선수라고 거짓말을 하게 되었다. 하지만 할아버지가 진짜 무에타이 선수였다는 것을 알게 된다. 관우는 할아버지에게 무에타이를 가르쳐 달라고 말하고 싶었지만 할아버지가 우리말을 몰라 답답했다. 할아버지가 태국으로 돌아간다고 했을 때 못 가시게 바지도 숨기고 눈이 내리길 빌었다. 그 일이 실패하자 관우는 창문을 열고 이불도 안 덮고 잠을 잤다. 관우가 감기에 걸렸고 할아버지가 돌봐 주신 후에 태국으로 가셨다. 관우는 꽤나 할아버지에게 죄송하고 고맙고, 보고 싶고 그럴 거다.
　이 이야기에 나오는 수호라는 인물을 소개하고 싶다. 수호는 관우의 가장 친한 친구다 태권도도 같이 다닌다. 수호는 밝고 엉뚱하고 당당하고 자신감이 있다. 나는 자신감이 없다. 그래서 수호처럼 자신감이 생기면 좋겠다.
　관우는 할아버지가 태국으로 못 가게 하려고 바지를 숨기고 소원

도 빌고 감기까지 걸리려고 창문 쪽에서 이불 없이 잔다. 이때 관우가 할아버지에게 마음을 좀 연 거 같다. 할아버지께 미안하고 고마운 마음이 들어 관우는 바지 숨긴 걸 아빠에게 말하고 할아버지께 편지를 써서 보냈다. 나도 할아버지가 날 만나러 왔을 때 처음은 좋았지만 계속 같이 있으니 관심이 없어 "네", "아니요" 이 두 단어만 쓰게 된다. 그래서 엄마한테 혼났다. 『무에타이 할아버지와 태권 손자』를 보니 우리 할아버지 얼굴과 할아버지와 같이 있었던 추억도 생각난다. 나는 엄마, 아빠가 일 때문에 어릴 때 할아버지, 할머니 댁에서 살았다. 유치원 때 엄마, 아빠가 있는 곳으로 왔다. 그래서 할아버지, 할머니께 감사하다.

이 책을 할아버지를 귀찮게 생각하는 사람과 할아버지와 좋은 추억이 없는 친구한테 주고 싶다. 할아버지가 고마운 존재라는 걸 언젠간 알겠지?

✐ 황중안(5학년)

우리는 미래에 로봇의 꿈을 빌려 살지 말자

『로봇의 별』 이현 글, 오승민 그림, 푸른숲주니어

『로봇의 별』에서는 나로, 아라, 네다가 로봇의 별에서 피에르 회장과 몇몇 인간들에게서 자유를 찾으려고 로봇의 3원칙을 없애서 시작되는 이야기다. 로봇은 자유롭지 못하게 살아야만 했다. 인간을 무조건 지켜야만 했다. 나는 여기에서 '나중에 미래에 우리가 살 때도 로봇의 별에서 나오는 것처럼 인간의 꿈이 아니라 로봇의 꿈을 빌려 살게 될까? 라는 생각을 해 보았다. 그리고 '그렇게 해도 될까?'라는 생각도 해 보았다. 『로봇의 별』에서는 계급이 나누어진 사람들이 존재한다. 지금도 돈이 중요한데 도대체 나중에는 어떻게 될까? 아마 더 심해질 것이다. 생명을 소중히 여기지 않는 사람은 더 많아질 것이다. 지금도 내가 중심인 사람이 대부분이다. 미래에는 내가 중심인 사람이 더 많아질 것이고 그래서 로봇은 망가져도 다시 사면되는, 그런 존재로 생각될 것이다. 미래에는 루피, 나로, 아라, 네다 등의 생각할 수 있는 로봇들이 등장할 텐데 그런 로봇들도 금세 버려질 것이다. 그런 로봇들은 기계지만 생각하고 행동할 수 있기에 더 화가 날 것이다. 그래서 시작된 이야기가 로봇의 별이다. 로봇의 별처럼 인간에게 항쟁하고 분노했던 로봇이 최근 나타나지 않았는가? 바로

'소피아'이다. 이 로봇은 인간과 싸울 것이라고 인터뷰를 해 논란이 있었다. 미래에는 지금보다 더 많이 로봇을 만들 것이다. 그 로봇들은 인간이 인간의 꿈, 욕망을 채우기 위해 로봇의 꿈을 빌려 사는 것이다. 인간은 인간 스스로의 꿈을 개척해 나아가야 한다. 그래서 로봇은 인간을 도와주는 기계가 돼야 한다. 꿈을 빌려주는 기계는 로봇이 아니다. 우리는 스스로 인생을 만들어야 한다.

✐ 심효민(5학년)

운이 좋은 암탉, 잎싹

『마당을 나온 암탉』 황선미 글, 김환영 그림, 사계절

　마당을 나온 암탉은 알만 낳던 암탉 잎싹이 닭장을 탈출해서 누군가 낳은 오리알을 키우는 이야기다.
　잎싹이라는 난종용 닭이 알을 낳지 않아서 죽음의 구덩이에 들어가게 된다. 운이 좋은 암탉 잎싹은 청둥오리를 만나 마당에서 하룻밤 묵고 나간다. 청둥오리의 짝이었던 뽀얀오리가 알을 낳고 죽자 그 알을 발견한 잎싹이 알을 대신 품는다. 알을 품던 잎싹을 지키던 청둥오리의 희생으로 무사히 잎싹이 품었던 알에서 오리가 태어난다. 잎싹은 오리의 머리가 초록색이라서 초록머리라는 이름을 지어주는데…
　잎싹이 죽음의 구덩이에서 청둥오리를 만난 게 중요한 사건이라 생각한다. 잎싹이 청둥오리를 만나 살아남았기에 모든 이야기가 탄생한 것이기 때문이다. 그렇게 누군가를 만나서 삶이 달라지면 좋을 수도 있고 나쁠 수도 있는데 나쁜 것이 더 많이 생각난다. 아마 우리 사회에 나쁜 사람이 많아서 그런 것 같다. 잎싹이 청둥오리를 만나 달라진 것처럼 좋은 모습으로 달라지게 하는 사회가 되면 좋겠다. 청둥오리도 잎싹을 살릴 마음이 있었던 것 같고 내가 만약 청둥오리

였어도 그랬을 것 같다. 살아 있는 생명이고 그런 생명은 구해야 하니까. 내가 만난 의미있는 사람은 선생님과 엄마, 아빠다. 선생님은 나의 글이 늘게 해주셨고 전체적으로 좋은 모습으로 많이 변하게 해 주셨기 때문이고 엄마랑 아빠는 태어나서 처음 만난 사람이다.

  81쪽에 나오는 '우리는 다르게 생겨서 서로를 속속들이 이해할 수 없지만 사랑은 할 수 있어.'라는 문장이 되게 좋았다. 잎싹이 자기 삶의 주인이 되어서 살게 되는 것을 보면서 내가 삶을 어떻게 살고 있는지 되돌아보게 된다. 족제비와 사냥꾼이 맞서는 장면은 용기를 돋아준다. 이 책은 긴장감이 있어서 남자친구들에게 추천한다.

✎ 김동수(5학년)

저승 잘못 간 혜수

『장수 만세』 이현 글, 오승민 그림, 창비

  오빠 대신 저승에 간 혜수가 오빠를 구하려고 노력하는 이야기다.
  주인공 혜수는 영어 연수를 위해 필리핀으로 떠나야 하는데 아파트 베란다에서 실수로 뛰어내려서 죽는다. 혜수는 죽어서 염라국 입국 심사과에 가서야 거기서 일하는 지밀과장이 혜수의 오빠 장수를 데려와야 하는데 실수로 혜수를 데려온 걸 알게 된다. 결국 지밀과장은 혜수를 돌려보내고 장수를 데려오려 하는데 혜수는 장수를 데려가지 말라고 한다. 그때 54년 동안 도망친 혼령 연화가 잡혀 온다. 혜수는 염라대왕을 부르려 하지만 연화가 장수를 살릴 방법이 있다고 하여서 그 방법을 이용하여 장수를 살리려고 하는데…
  혜수라는 아이는 목적을 끈기 있게 이루려 한다. 염라국 입국 심사국에서 지밀과장이 계속 안 된다고 해도 오빠를 살려 달라고 하고 오빠를 구하려고 이승에 왔을 때도 포기하지 않고 오빠를 살리려 한다. 혜수는 겉으로는 오빠를 싫어하지만 속으로는 오빠를 좋아하는 웃기는 애다. 나도 속으로는 큰누나는 좋아한다. 혜수 오빠 장수가 공부와 성적 때문에 자살을 하려고 했다. 그런데 학교를 그만두고 어두운 성격에서 좀 밝은 성격으로 바뀌었다. 성적 때문에 자살하는 사람이 없는 사회가 되면 좋겠다. 부모님을 위해 좋은 성적을 얻으려 하지만 그리 좋지 않은 성적을 받아서 자살을 하려는 게 너무 슬프다.

나도 누나가 3명이나 있고 다 싫어하지만 가끔, 정말 가끔 좋을 때가 있다. 혜수는 속으로 오빠를 좋아하고 나도 속으로 누나를 좋아하기 때문에 나랑 좀 많이 닮아서 마음에 드는 인물이다.

이 책을 읽는 내내 긴장감이 넘쳤다. 저승, 죽음이라는 흔하지 않은 걸 매우 잘 표현했다. 저승, 자살하면 슬픔이 느껴지는데 이 책은 슬픔을 긴장감으로 바꿔서 재미있게 읽었다. 저승과 죽음에 대해 관심 있는 사람이 보면 좋을 거 같다.

🖉 편도영(5학년)

조금만 버텨, 괜찮아질 거야

『수요일의 전쟁』 게리 D. 슈미트 글, 주니어RHK

홀링이 수요일마다 베이커 선생님과 같이 지내며 벌어지는 이야기를 쓴 책이다. 홀링은 성당도, 유대교 교회도 다니지 않기 때문에 수요일마다 베이커 선생님과 단둘이 시간을 보내게 되는데 이즈음 홀링은 베이커 선생님이 자신을 미워한다는 느낌이 들기 시작한다. 하지만 수요일마다 베이커 선생님과 여러 일을 하게 되면서 조금씩 친해지게 된다. 그러다가 베이커 선생님과 홀링의 반이 같이 야영을 가게 되고 베이커 선생님과 홀링은 아주 잘 지내게 된다.

홀링은 특별한 점이 없는 아이다. 공부도 잘하지 않고, 딱히 좋아하지도 않는다. 하지만 홀링에게 모든 일이 좋지 않게 일어난다는 점에서 약간 남다른 면은 있는 것 같다. 베이커 선생님과 상급생 형들, 같은 반 아이들이 한 번에 적이 되는데 하필 그때 베트남이 미국과 전쟁을 치루고 있었다는 점에서 불운을 타고 난 아이라고 생각했다. 이것을 보고 예전에 내 동생이 길을 가다 똥을 밟고 바로 그날 밥을 먹다가 체한 일이 떠올랐다. 그런데 홀링은 그럴 때 자신에게 고통을 준 것을 역으로 이용하여 복수를 하기도 한다. 선생님이 읽으라고 한 어려운 셰익스피어 책에 나온 욕을 자신이 쓰는 장면이 그런 것이다. 고통이 자신에게 도움이 될 때도 있다고 생각한다.

　나는 이 책에서 홀링이 육상 대회에 나가는 부분이 가장 중요하다고 생각한다. 육상 대회를 연습할 때 육상 선수였던 베이커 선생님이 연습을 도와주면서 홀링과 친해졌기 때문이다. 베이커 선생님이 육상을 그리워해서 홀링에게 잘 뛸 수 있는 방법을 알려 주었을 것이라고 생각한다. 결국 이 책은 베이커 선생님과 홀링이 잘 지내게 되고 그때 베트남 전쟁도 끝이 난다. 이것을 보고 좋은 일들은 한 번에 일어난다는 것을 보여주기 위해 작가가 시기를 베트남 전쟁과 맞췄다고 생각했다. 결말이 약간 궁금하게 만들었기 때문에 마지막까지 생각을 계속 잘 할 수 있게 만든 것이 아주 좋다. 이 책에서는 나쁜 일을 끝까지 버텨서 결국 좋은 일이 벌어지기 때문에 지금 생활이 힘든 아이들, 예를 들어 요즘 이유 없이 힘든 아이들에게 추천한다.

✐ 최예준(5학년)

좋은 선택

『변신돼지』 박주혜 글, 이갑규 그림, 비룡소

『변신돼지』는 찬이네가 동물 편한 세상에서 입양한 달콤이, 통닭이, 푸딩이가 열흘째 되는 밤에 돼지로 변신하게 되는 이야기이다. 달콤이와 통닭이, 푸딩이가 돼지로 변신한 게 나쁜 것만은 아니다. 찬이네 집에 온 동물들이 돼지로 변하지 않았다면 찬이 엄마에게 '돼지는 뚱뚱하다'라는 고정관념이 사라지지 않았을 것이다. 찬이 엄마에게 그런 고정관념이 생긴 이유가 어릴 때부터 '뚱뚱하다, 돼지다'라고 놀림을 받아서다. "싫어.", "하지 마" 등 내가 싫다는 것을 밝히면 친구들도 안 놀릴 것 같다. 찬이 엄마는 어렸을 때 소심했나 보다. 자기 자신도 자신이 싫은데 친구들이 더 놀리니 속상했을 거다.

　찬이 엄마는 어렸을 때 겪은 일 때문인지 돼지라면 질색을 했었다. 찬의 의견은 안 듣고 돼지로 변한 통닭이와 달콤이를 동물 편한 세상에 보낸 게 찬이를 위해서라고 하지만 이기적이라는 느낌이 든다. 달콤이를 보내고 통닭이까지 동물 편한 세상에 데려다주었는데 가슴 아픈 이별을 두 번이나 한 것이 됐다. 가슴 아픈 이별을 두 번이나 했는데도 푸딩이까지 데려왔다. 찬이는 푸딩이가 밉다고 생각하다가도 푸딩이에게 마음을 열어 주었다. 참 대단하다. 나라면 푸딩이까지 돼지로 변해서 이별할까 봐 마음의 문을 안 열 것 같다. 그리고 다시 돌려보내라고 화를 낼 것이다. 다시 생각해도 찬이가 대단하다.

찬이는 엄마께 푸딩이까지 돼지로 변하면 달콤이, 통닭이까지 모두 다시 키우자고 제안했다. 기발한 생각이다. 그런데 달콤이, 통닭이, 푸딩이가 너무 커져 아파트에서는 못 키우게 되자 단독 주택으로 이사를 갔다. 돼지를 위해 이사까지 가다니 찬이네는 참으로 아름다운 가족이다.

나는 이 책을 가족끼리 안 좋은 게 닮았다고 기죽은 친구에게 추천해 주고 싶다. 가족은 서로서로 닮아있고 또 서로 닮아야 한다. 안 좋은 것을 닮았다고 기죽을 필요는 없다.

이수정(5학년)

초콜릿 파티!

『찰리와 초콜렛 공장』 로알드 달 글, 퀸틴 블레이크 그림, 시공주니어

찰리는 아주 불쌍한 아이였다. 너무 가난해서 초콜릿도 1년에 한 번씩밖에 못 먹었다. 세계 최고 초콜릿 공장주인 웡카씨가 이벤트로 5명의 어린이를 공장으로 초대한다. 그 행운의 주인공엔 바닥에 떨어진 돈으로 초콜릿을 사 먹다 당첨된 찰리도 포함되어 있었다! 급기야 웡카씨의 공장을 물려받는다! 초콜릿을 진정으로 좋아해서라고?

이 책에 나오는 음식들은 정말이지 환상적이다. 먹어도 줄지 않는 사탕, 빙그르르 돌아가는 네모 사탕, 잠시만! 이건 그다지 환상적이지 않다. 엄청 많은 간식들 중엔 씹다 보면 몸이 부풀어서 터지는 껌처럼 살인적인 것들도 포함되어 있다. 찰리와 함께 초대받은 다른 4명의 아이들은 조심성 없게도 사고를 당하고 마지막까지 살아남은 찰리가 공장의 새 주인이 되었다.

솔직히 난 초콜릿을 그렇게 좋아하진 않아서 찰리의 마음이 이해되진 않지만 찰리처럼 매일 삶은 감자와 수프만 먹다 보면 달콤하고 강렬한 초콜릿 맛에 빠질 수 있을 것 같다. 그래서인지 찰리가 초콜릿 바 하나를 한 달에 걸쳐서 먹는 부분이 인상적이었다. 하지만 이

젠 초콜릿을 배가 터질 만큼 먹을 수 있겠지?

　작가의 다른 작품인 '마틸다'도 이 책처럼 통쾌한 이야기다. 두 책 다 읽고도 또 읽고 싶은 재미있는 책이다. 아무쪼록 찰리가 잘 지내길 바란다.

　　　　　　　　　　　　　　　　　　　🖉 석우진(5학년)

최선을 다해라!

『플레이볼』 이현 글, 최민호 그림, 한겨레아이들

　이 책은 구천초 야구부 선수인 동구가 펼치는 야구 이야기다. 동구는 돌잔치 때도 야구공을 잡을 만큼 어릴 때부터 야구를 좋아하는 아이이다. 그러던 어느 날 구천초 야구부에 이영민이라는 아이가 들어오고 동구와 라이벌이 된다. 동구가 야구하는 것을 지켜보는 엄마. 동구 동생 민구는 그런 형이 부러웠는지 도둑질을 하는 등 불안 증세를 보인다. 어느 날 민구는 제주도로 전학 간 효명이가 보고 싶다고 한다. 동구가 야구 경기에서 이겨야 제주도에 갈 수 있는데 동구는 결승전에서는 졌지만 동구네 가족은 결국 제주도에 가게 된다. 드디어 동구의 소원이 이루어졌다.
　내가 이 책을 고른 이유는 야구에 관심이 있기 때문이다. 동구와 영민이의 라이벌 대결이 흥미진진해서 재밌게 읽었다. 난 동구가 롯데자이언츠에 올라가려고 노력하는 장면이 마음에 든다. 제주도에 가고 싶어 하는 동생을 위해 이기려고 하는 동구의 열정이 느껴졌기 때문이다. 동구가 민구를 위해 결승전에 오겠다는 엄마도 양보하는 게 멋지다고 느꼈다. 내가 만약 동구였다면 민구를 생각하지 않고 내 의지대로 했을 텐데 동구는 모든 일에 동생 민구를 생각하는 멋진 형이다. 우리 오빠도 좀 그랬으면 좋겠다. 그런데 민구는 대체 왜 마음에 병까지 들었을까? 엄마가 야구를 잘하는 형아만 좋아한다고 생각하고 자신은 안 좋아한다고 느낀 것 같다. 동구는 코치님의 사인을 듣지 않아 4번 중심타자에서 9번 타자로 떨어진다. 이 부분에서는 코치님이 너무했다. 3학년 때부터 노력해서 4번 타자로 올라왔는데 한 번에 9번 타자라니, 동구의 노력이 물거품이 됐다. 나도 내가 갖고 싶은 것을 사려고 돈을 모았다가 엄마가 돈을 가져가 통장에 넣는 바람에 결국엔 사지 못했던 적이 있다. 그땐 정말 아쉬웠다.

　내가 이 작품에서 명대사라고 생각하는 것은 코치님이 말씀하신 "최선이 아닌 최고가 되어라!"이다. 우리는 항상 최선을 다하라는 소리를 듣고 자랐는데 이 말은 그것과는 정 반대라서 신기하기도 하고 마음에 남았다. 하짐나 나는 최선을 다하는 것이 더 맞다고 생각한다. 최선을 다해 정상에 오르는 게 공정한 것이라 생각한다. 난 이 책을 동구처럼 끈기 있게 노력하고 있거나 노력하고 싶은 친구에게 추천한다.

✐ 경민서(5학년)

행복한 기억으로 시간을 사다!

『시간 가게』 이나영 글, 윤정주 그림, 문학동네

　이 책은 공부에 시달리는 윤아가 1등을 하고 싶어서 행복한 기억으로 시간을 얻지만 행복한 기억이 사라져서 혼란을 겪는 이야기이다.
　윤아는 엄마의 과도한 공부 욕심 때문에 공부 스트레스에 시달린다. 어느 날 윤아는 시간 가게 전단지를 보게 된다. 시간 가게에 가서 행복한 기억을 떠올리면 시간이 멈추는 시계를 사게 된다. 하지만 행복한 기억이 사라진다. 윤아는 시험 기간에 행복한 기억으로 시간을 멈춰서 전교 1등 수영이의 시험지를 커닝한다. 그리고 또 똑같은 방법으로 영어학원에서도 1등을 하게 된다. 윤아 엄마 말로는 공부를 잘하면 다 행복해진다고 했는데 윤아는 더 괴로웠다.
　윤아는 엄마를 기쁘게 하려고 공부를 하는데 내 생각은 윤아가 자신을 위해 공부하지 않고 엄마를 위해 공부하는 것이 잘못된 것 같다. 그리고 하나밖에 없는 행복한 기억인데 그 기억으로 시간을 사 버려서 행복한 기억을 잃어버려서 아깝다.
　내가 생각한 중요한 사건은 윤아가 시간 가게 전단지를 보게 된 것이다. 마지막에 윤아는 또 시간 가게 전단지를 보게 되는데 시간 가게에 다시 가지 않아서 다행이다. 갔으면 행복한 기억을 다 잃어버려서 울지도 모르겠다.

이 책은 보기만 해도 윤아가 힘들어 보이고 공부가 힘든 게 공감이 되는 책이었다. 나였으면 엄마한테 힘들다고 말했을 텐데 왜 힘들다고 말하지 않았는지 모르겠다. 공부 스트레스가 있는 친구에게 이 책을 추천하고 싶다.

✎ 문희진(5학년)

혼자 살아보고 싶어?

『수상한 아파트』 박현숙 글, 장서영 그림, 북멘토

　여진이가 혼자 사는 법을 배우고 싶어 혼자 사는 고모네 집에 가서 생기는 이야기이다. 여진이는 22층에 사는 사람이 누군지 찾아내다 도둑으로 의심받고 엘리베이터를 타다 호진이와 갇히게 된다. 다행히 어떤 아저씨가 신고해서 구출된다. 또 고모네 집에 바퀴벌레가 나와서 6층에 사는 호진이에게 도움을 청하기도 하고 22층에 혼자 사는 할아버지가 수상해서 몰래 현관문을 따고 들어가서 혼자 사는 할아버지가 쓰러진 것을 발견하고 할아버지를 구출한다. 이 일을 겪고 나서 여진이는 혼자 살겠다는 것을 결국 포기하게 된다.
　여진이는 궁금한 것은 못 참는 성격이다. 호기심이 정말 많다. 그에 비해 호진이는 벌레 같은 것은 무서워하진 않지만 여진이와 다르게 용기는 좀 없는 것 같고 한편으로는 소심한 것 같다. 180쪽과 181쪽에 22층 집 문을 따고 들어갈 때 "어, 어, 어떻게 해야 하냐? 나가자.", "나여진, 제발 가자!"등등 여진이는 하지도 않는 말을 호진이가 한다.
　나는 호진이보다는 여진이과인 것 같다. 여진이처럼 꼭 해보고 싶은 것, 꼭 할 수 있는 것은 해보는 스타일이다. 예를 들면 비오는 날에 '10분 정도 비를 받으면 얼마나 받아질까?' 하고 집 밖으로 나가서 바가지 세 개를 놓아두고 10분 뒤에 보고 올라갔다 다시 보고 한 적이 있다. 호기심이 생기면 꼭 해결해야 하고 벌레를 진짜 무서워한다.

  이 책에서 가장 중요한 사건은 22층 할아버지네 집에 열쇠 수리공을 불러 집을 따고 할아버지네 집에 들어가는 사건이다. 놀이터에서 보았을 때 22층에서 손이 보였다. 항상 22층이 수상하고 이상하다고 생각했지만 어른들에게 도움을 청하고 이야기해봤자 도와주지 않을 것 같아서 문을 따고 들어가는 방법을 선택했다. 그런데 할아버지가 쓰러져 계셨다. 22층 할아버지를 구한 것은 잘한 일이지만 남의 집 문을 따고 들어가는 것은 아무리 궁금해도 절대로 하면 안 되는 일이다. 잘못하면 진짜 도둑이 될지도 모른다. 그래도 여진이, 호진이가 그때 할아버지를 구한 거니 그나마 다행이다. 결국 여진이는 혼자 사는 것은 포기하게 된다. 역시 여진이는 호기심이 너무 많은 성격이라 혼자 사는 것은 무리인 것 같다. 여진이처럼 굳이 벌써부터 혼자 사는 법을 배울 필요는 없다고 생각한다. 혼자 살아보고 싶은 사람은 이 책을 읽어보고 다시 선택하면 좋겠다. 나는 이 책을 별 5개를 줄 수 있다. 혼자 살아보고 싶은 사람, 호기심이 많은 사람에게 추천한다.

✐ 심하영(5학년)

꿈을 꾸기 위한 책

『이모의 꿈꾸는 집』 정옥 글, 정지윤 그림, 문학과지성사

처음엔 별 기대 없이 책을 폈다. 생각보다 재미가 있었다. 제일 흥미롭고 재미있었던 부분은 3가지가 있는데, 첫 번째, 이모의 그림자에 색깔이 있었던 것이다. 이 책의 장르가 판타지인 건 알고 있었지만, 그림자의 색이 있다는 게 정말 새롭고 흥미로웠다. 두 번째, 손가락들에게 각자 자기들만의 생각이 있다는 것. 이 부분을 읽으면서 정말 그럴 수도 있겠구나 생각을 했다. 뇌의 신호를 통해 움직이는 것으로만 알고 있었던 손가락이 자기 맘대로 움직인다면 정말 재밌을 것 같다. 세 번째, 피아노 건반을 하나하나 떼어서 빨았던 것. 우선 건반을 하나하나 뗄 수 있었던 것 자체가 신기했고, 그걸 또 빨아서 다시 소리가 났다는 게 정말 흥미로웠다.

이렇게 재미있고 흥미로운 부분이 많았던 『이모의 꿈꾸는 집』을 읽으며 꿈의 뜻에 대하여 다시 한 번 생각해보는 계기가 되었다. 꿈은 항상 무슨 직업, 일 같은 거로만 생각했었는데 이 책을 읽으며, 꿈은 내가 이룰 수 있든 없든 그냥 해보고 싶은 것, 하고 싶은 것이란 걸 깨달았다.

내가 꾸는 현실적인 꿈은, 내가 흥미를 갖고 재미있어하는 직업을

가져서, 사랑하는 사람과 행복하게 사는 것, 내가 좋아하는 배우인 왕대륙을 만나는 것이다. 내가 꾸는 비현실적인 꿈은 공주가 되는 것, 구름을 먹는 것이다. 물론 어떻게 어떻게 해서 공주가 되기도, 구름을 먹기도 할 수 있겠지만 뭐, 이뤄질 가능성이 적으니까... 하지만 이것도 꿈이다.

  이 책을, 진진과 같이 꿈이 무슨 뜻인지 모르고 방황하던 아이들에게 추천하고 싶다. 이 책을 읽고, 꿈의 진정한 뜻을 찾아서, 그 뜻을 이룰 수 있는 사람이 되었으면 좋겠다.

✎ 온주영(6학년)

박새의 매력

『나의 수호천사 나무』 김혜연 글, 안은진 그림, 비룡소

　이 책은 진짜로 '나의 수호천사 나무' 같다. 번개를 맞고 기억을 잃은 나무는 자신이 특별한 존재인지 모른다. 그 때 그 아기 박새는 팽나무에게 없어서는 안 되게 되었다. 나는 처음 박새가 태어났을 때 "엄마"라고 해서 되게 당황했다. 하지만 나무는 잘 받아주었다. 너무나도 귀여운 새가 자기 엄마라고 하면 우울했어도 금방 기분이 좋아질 것이다. 그리고 팽나무는 번개를 두 번이나 맞았다. 그런데 그 상처를 고스란히 가지고 가는 게 꼭 나 같았다. 나도 전에 받은 상처를 애써 감추고 살아가고 있기 때문이다. 또 나는 팽나무가 기억을 잃고 모든 사람이 하는 행동들을 이상하게 여기는 게 굉장히 안타까웠다. 그때만 잘 이겨냈으면 박새에게 더 잘해주고 성준이가 더 빨리 돌아올 수 있었는데 말이다. 난 박새가 팽나무의 소중하고 필요한 새가 된 것 같다. 예전에 듣지도 못한 걸 지금은 생생하게 박새가 전달해주니까 편하고 상상할 수 있게 있게 돼서 좋은 것 같고 나도 그런 사람이 있으면 정말 좋겠다. 팽나무가 두 번째로 번개를 맞았을 때 남겨질 박새에게 되게 미안하고 그 정신없는 순간에도 박새의 둥지에, 피 한 번 안 섞인 새한테 그런 걸 해줬다는 건 아마 엄청

난 믿음이 있을 거라 생각한다. 나무가 왜 마지막에 죽은 걸 후회하지 않고 성준이와 목수가 잘라갔을 때 순순히 자르라고 해준 게 이해가 잘 안 됐다. 나 같으면 박새가 죽을 때까지 함께 하고 싶다. 그 팽나무는 선택을 잘못한 것 같다. 마지막에 팽나무가 잘려서 트럭에 실려 갈 때 박새가 울면서 쫓아갔을 때 5학년 때 본 『돼지가 있는 교실』의 마지막 장면 p짱과 정말 똑같아서 신기했다. 나라도 엄마 같은 사람이 떠나면 너무 허무하고 '조금이라도 더 잘 해줄 걸'이라고 생각돼서 끝까지 따라간 것 같다. 두 번 정도 읽었는데 박새의 그 간절함이 맨 마지막에 와 닿았다. 책을 읽는 순간 바로 책에 빠져들었다.

🖉 박지은(6학년)

아니, 색안경을 벗어봐!

『우리 동네 전설은』 한윤섭 글, 홍정선 그림, 창비

우리는 온책 읽기 시간에 선생님께서 돼지 할아버지에 대한 글을 읽고 돼지 할아버지의 첫인상을 그려보는 것이 좋겠다 하셔서 첫인상만으로 그림을 그렸다. 나는 부리부리하고 큰 눈, 두껍고 큰 입술, 큰 덩치로 그렸다. 그림을 그리면서 '어쩌면 우리는 한 사람의 생각만으로 다른 한 사람을 나쁘게 생각한 것은 아닌가'라는 질문을 내 스스로에게 해보았고, 어려워서인지 내 자신이 부끄러워져서인지 그 질문에 대한 답은 끝내 나오지 않았다. 빨간색 색안경을 쓰고 보면 세상이 빨갛게 보이듯이 어느 한 사람의 생각이나 말만 들었을 때는 그 사람의 말만 믿고 객관적으로 판단하지 못하게 된다. 나는 마지막에 방앗간 할아버지가 준영을 보고 돼지 할아버지한테 누구냐고 물었을 때 한 치의 망설임도 없이 손자라고 한 것이 생각이 난다. 돼지 할아버지는 말로는 안 했지만 속으로는 벌써 손자라고 생각할 만큼 정이 많다는 것을 알았다. 그 때, 첫인상을 보고 '무조건 무섭게 생겼을 거야.'라고 생각한 게 부끄러워졌다. 그 사람에 대해 알게 됐을 때 비로소 색안경을 벗었던 것이다. 어쩌면 덕수, 상문, 우성은 아직도 색안경을 벗지 않고 첫인상으로 방앗간 할아버지와 돼지 할아버지를 판단하는 것일 수도 있다. 우리도 우리 마음에 있는 색안경을 벗고 객관적으로 판단하는 것이 어떨까?

✏ 김동건(6학년)

전설의 공통점

『우리 동네 전설은』 한윤섭 글, 홍정선 그림, 창비

『우리 동네 전설은』이라는 책은 주인공인 준영이가 시골마을인 득산리로 이사 온 뒤 생기는 일과 준영이가 돼지 할아버지의 오해 등 전설의 진실을 파헤치는 이야기다.

나는 이 책에서 전설 속 인물의 공통점을 찾아냈다. 모두 득산리가 아닌 득산리로 가는 길목에 살고 있고 마을과 멀리 떨어져 있어 공동체에 소속하고 있지 않다는 점이다. 만약에 방앗간 할머니, 할아버지와 돼지 할아버지가 득산리 마을에 살았다면 그 때도 전설 속 주인공이 되어 있을까? 나는 전설 속 주인공이 되어 있지 않을 것이라고 생각했다. 왜냐하면 집안에 무슨 일이 생기거나 별 특별한 일이 아니더라도 마을에 살게 되면 소문이 퍼진다. 예를 들자면 '저기 ㅇㅇ네 손주가 생겼대!' 또는 'ㅇㅇ네에서 국수 먹는다고 점심에 오래!' 등 별별 이야기가 생긴다. 하지만 이런 소문은 물어볼 수 있거나 참여할 수 있기 때문에 사실 여부를 알기 쉽다. 하지만 마을에 살지 않는다면 물어보거나 참여할 기회가 없다. 또한 소문은 진실인 경우가 많아 시간이 지나 어느새 진실이 되어 있고 소문의 당사자들은 점점 소문을 피하다 많은 시간이 흘러 소문에 신경 쓰지 않게 될 것이다. 만약 방앗간 할머니, 할아버지가 득산리 마을에 살고 있다면 마을 사람들은 지금의 소문 대신 '방앗간 할머니가 ∞병으로 아프대.' 등 같은 소문으로 마을 사람들이 그 병에 좋은 음식과 관심을 주며 살았을지도 모른다. 돼지 할아버지도 새 장가를 보내주려 중매도 서 주며 많은 도움을 받으며 살았을 것이다. 함께 살지 않으면 소문은 나게 되어 있다. 하지만 마음이 가깝다면 소문 따위는 나지 않을 것이다. 이 책의 전설은 자신과 함께 놀지 않은 친구를 미워하는 어린 아이의 마음 같다.

✎ 이가영(6학년)

친구가 되는 것은

『우리 동네 전설은』 한윤섭 글, 홍정선 그림, 창비

나는 친구가 되는 법에 대해 그냥 서로가 '얘는 내 친구'라고 느끼면 되는 것이라고 생각했다. 『우리 동네 전설은』에서는 그걸 새롭게 표현했다. 다른 책은 전학을 가도 이름에 성격까지 다 아는 대단한 주인공이 있다. 근데 이 책은 이름도 모르는 작은 아이, 중간 큰 아이, 큰 아이로 나와 새로웠다. 작은 아이, 중간 큰 아이, 큰 아이였다가 처음 방앗간을 지나 함께 지에 갔을 때 이름이 나오며 준영이가 이 세 아이에게 관심이 생겼다는 걸 표현했다. 또 "너도 이제 우리 친구야."라는 대사로 세 아이 또한 준영을 친구로 생각하고 흥미를 가진 것이다. 나는 이 방식이 굉장히 맘에 들었다. 이야기 초반부터 이름에 성격까지 알려주어 머리가 복잡한 것보다, 진짜 친구가 되듯 천천히 알아가는 것이 더 읽으면서 편하게 느껴졌다.

나는 같이 놀고, 주변에서 '쟤네는 친해 보여.'하는 것만으로 그냥 '얘는 내 친구'라고 생각했다. 그런데 책을 읽으니 친구와 친구가 되는 방법에 대해 더 자세히 생각해보게 됐다. 여태 내가 생각한 친구는 그냥 아는 애였던 거다. 반 친구도 반 친구라고 하지만 솔직히 반 친구는 그냥 아는 애 같다. 그래서 이제 내게 '친구가 된다'는 건 '무언가 함께 할 때 재밌다, 즐겁다, 이 사람에 대해 흥미가 생긴다.'와 같은 생각이 들면 그 때가 친구가 되고 있는 순간이고, 그렇게 친구가 되는 것이라고 생각한다.

✐ 신재빈(6학년)

2부

마음이 자꾸 움직인다

도란도란 이야기 나누고 쓴 독서 토의·토론문

가족과의 시간을 위해 개인의 시간을 희생해도 좋은가?

『속 좁은 아빠』 김남중 글, 김무연 그림, 푸른숲주니어

『속 좁은 아빠』에서는 현주의 아빠가 술을 마시고 담배를 피우며 개인의 시간만 펑펑 쓰고 가족과 함께 보내는 시간은 투명인간 취급하는 장면이 나온다. 그래서 가족과의 시간과 개인의 시간에 관해 이야기하고 싶어 이 토론주제를 뽑게 되었다.

  나는 가족과 함께 있는 시간을 위해 개인의 시간은 희생해도 좋다고 생각한다. 왜냐하면 부모님이 돌아가신다면 그때는 가족과 못 보낸 시간을 후회하게 될 수 있기 때문이다. 또 부모님과 관계가 안 좋아졌을 때는 대화를 통해 풀 수 있기 때문이다. 내 의견에 대해 지효는 혼자 있는 시간에 힐링 되는 사람도 있으므로 방해받지 않고 혼자 시간을 보낼 권리가 있다고 하였다. 하지만 나는 가족과 함께 보내는 시간으로도 힐링할 수 있다고 생각한다. 가족과의 시간은 때가 늦으면 함께 보낼 수 없기 때문이다. 세희도 가족과의 시간으로 고민을 나눌 수 있고 마음도 안정된다고 하였다. 나도 가족과의 시간을 통해 심리적으로 안정된다고 생각한다. 우리 모둠은 토론을 통해 가족과의 시간과 개인의 시간이 모두 소중하며 가족과 보내는 시간과 개인 시간 모두 아껴가며 써야 한다고 결론지었다.

우리 모둠은 의견이 잘 좁혀지지 않아서 토론이 쉽게 끝나지 않았다. 다음번엔 의견과 근거를 더 준비해서 더 나은 토론을 하고 싶다. 토의를 해본 적이 없어서 모둠 친구들과 토의로도 해보고 싶다.

✐ 이윤호(5학년)

가족의 평화는 관심으로부터!

『불량한 자전거 여행』 김남중 글, 허태준 그림, 창비

김남중 작가의 『불량한 자전거 여행』에서 엄마, 아빠가 부부싸움을 하는데 그때 호진이에게는 선택권을 주지 않은 장면과 호진이가 가출하는 장면에서 '가족이랑 화목하게 지낼 수 있는 방법'이라는 이야깃거리를 뽑아냈다.

나는 가족끼리 서로의 의견과 의사를 존중해주고 이야기를 자주 하는 것이 좋은 방법이라고 생각한다. 이야기를 많이 하면서 정이 들 수 있고, 서로의 의견을 존중해 줘야 이야기를 쿵짝쿵짝 맞게 할 수 있고, 기분이 좋아져서 이야기를 계속 진행할 수 있다.

존중해야 한다는 아이들이 두 명 있었다. 존중을 해야 하는 건 맞지만 너무 존중을 하면 번거로울 수도 있다. 그래도 싸우는 것보다는 말로 해결하는 것이 화도 덜 난다. 이야기를 많이 하라는 아이들도 두 명이었다. 이야기를 하면 서로의 생각을 알 수 있고 어떤 상황에서 어떻게 하려고 했는지 알 수 있기 때문에 이 방법이 괜찮은 것 같다. 존중하는 것보다 말을 하면서 이야기 나누는 것이 더 화목하게 지낼 수 있을 것이다. 같이 있는 시간을 많이 가진다고 말한 아이가 한 명이었다. 같이 있는 시간을 많이 가지다 보면 힘들고 지쳤던

일을 말해서 서로 그것을 해결할 수 있다. 이야기를 많이 하려고 하면 저절로 같이 있는 시간이 늘어날 것이다. 이야기를 한다는 말이 많이 나와서 그런지 이야기를 할 때 상냥하게 말해야 한다고 말한 아이도 있었다. 상냥하게 말해야 이야기하다 싸움도 안 나고 기분도 상하지 않을 것이다.

  토의를 한 결과, 가족과 화목하게 지내는 가장 괜찮은 방법은 이야기를 할 때 상냥하게 말하는 것이 되었다. 이 방법으로 모두 가족과 화목하게 지내면 좋겠다.

  책만 읽고 공부하는 것보다 이야깃거리를 뽑고 토의를 해서 훌륭한 공부가 된 것 같다. 생활에서 이야깃거리를 뽑아서 토의·토론을 하는 것보다 책을 읽고 하는 것이 좀 더 괜찮았다. 이야깃거리를 생활의 문제점들에서 뽑아내는 것도 이야기가 많이 나오지만 책을 읽고 이야깃거리를 뽑아서 토의, 토론을 하는 것이 조금 더 이야기가 많이 나왔다. 이 글을 쓰면서 우리 가족의 경우를 다시 생각하게 되었고 이런 방법을 우리 집에서도 써 보면 좋겠다는 생각도 들었다. 책은 만화책만 읽었는데 작가를 골라가며 동화책을 읽으니 만화책 말고도 나에게 맞는 책이 있다는 걸 알았다.

✎ 이수민

계속 해도 괜찮고 가끔 하는 것도 괜찮은데

『축구 생각』, 김옥 글, 윤정주 그림, 창비

　김옥 작가의 『축구 생각』이라는 책은 자신이 좋아하는 일을 하는 것도 좋지만 때로는 다른 일을 해보는 것도 좋다는 것을 알려준다. '대용'이가 축구를 하고 싶어 했지만 주변에서 축구를 하지 말라고 한다. 90점을 받아야만 축구를 할 수 있어서 승완이의 수학 시험지를 커닝하여 축구를 할 수 있게 된다.

　내 토론 주제는 '내가 하고 싶은 일만 계속 해도 될까?'이다. 대용이는 승완이에게 수학 시험지를 커닝한 게 들키게 된다. 그 일로 커닝한 것을 말하지 않는 대신 축구 경기를 내주게 된다. 자신이 좋아하는 일을 할 수 없게 됐을 때 '떼어내기 놀이'를 했는데 다른 것도 재미있다고 느낄 때의 모습에서 여러 가지를 해보는 게 좋다는 생각이 들어서 친구들과 이야기를 나누고 공감해 보고 싶었다.

　나는 내가 좋아하는 일만 계속 하면 안 된다는 생각이 들었다. 왜냐하면 내가 좋아하는 일만 계속 해 보는 것보다는 다른 일도 경험해 보는 게 나 자신에게 더 도움이 되기 때문이다. 또 다른 경험을 해 보면 다른 것도 좋아질 수 있다고 생각한다.

내 토론 주제로 중안이는 좋아하는 일을 계속 해도 된다고 했다. 내가 좋아하는 일을 위해 노력을 했는데 다른 일을 하면 그 일에 대한 노력을 무시하는 거라고 한다. 또 내가 좋아하는 일을 하는 게 얼마나 기쁜데 그 일을 못 한다면 기쁘지 않다고 했다. 현기도 좋아하는 일을 계속 해도 된다고 했다. 좋아하는 일을 안 한다면 장래희망을 못 이루기 때문이다. 범준이는 좋아하는 일을 계속 하면 안 된다고 했다. 다른 일 중에도 나와 더 어울리는 일이 있을 수 있고 좋아하는 일만 하면 다른 것을 경험해 볼 수 없다고 했다.

나는 친구들과 내 토론 주제로 토론을 했을 때 의견이 바꾸지 않고 그대로였다. 친구들의 말이 설득력이 부족해서인지 내가 고집이 세서인지 모르겠지만 바뀌지 않았다. 게다가 좋아하는 일만 계속 하다가는 미래가 너무 걱정이 되어 의견이 바뀌지 않았다. 친구들과 토론하면서 반박할 때마다 내 말이 랩처럼 줄줄 나오는 게 신기했다. 난 평소에 말이 꼬여서 랩 같은 것은 잘 못하는데 말이다. 내 토론 주제여서 그런가 자신감이 생겼다. 친구들 토론 주제로 이야기할 때는 친구들에게 설득되기도 하고 생각이 그대로 이기도 했는데 내 주제로 한 명이 설득되어서 기분이 좋았다.

🖉 이수정(5학년)

나에게 필요한 건?

『드림하우스』 유은실 글, 서영아 그림, 문학과지성사

　유은실 작가의 『드림하우스』라는 책에는 가난한 집에서 살고 있는 보람이라는 아이가 나온다. 옆집에는 골짜기 아줌마가 사는데 보람이네 집 사정이 어려운 걸 알고 드림하우스라는 프로그램에 사연을 보낸다. 드림하우스는 가난해서 집을 고치지 못하는 집을 찾아가 고쳐주는 프로그램이다. 골짜기 아줌마가 보내준 사연 덕분에 보람이네 집은 고쳐졌다.

　이 책에서 드림하우스가 촬영을 하러 왔을 때 보람이가 인터뷰를 하는데 계속 방을 가지고 싶다고 말한다. 나랑 친구들도 보람이와 같은 학생이라서 '학생은 자기만의 공간이 필요할까?'라는 토론 거리로 이야기를 하면 공감도 잘 되고 더 재미있게 이야기 할 수 있을 것 같다. 나는 학생한테 자기만의 공간인 방이 필요 없다고 생각한다. 사춘기가 있던 학생도 자기만의 공간이 생기면 사춘기가 점점 심해지고 가족들과 점점 멀어져서 가족과 함께 있는 시간도 줄어들기 때문이다.

　설이는 학생한테는 자기만의 공간이 필요하다고 했다. 조용히 공부하고 싶을 때 자기만의 공간이 필요하고 혼자 있고 싶을 때도 좋기 때문이라고 한다. 지후도 자기만의 공간이 필요하다고 했다. 기분이 나쁠 때 자기만의 공간이 없으면 불편할 것 같다고 얘기했다. 또 다 컸는데 부모님과 같이 있으면 불편하다고도 했다. 예진이는 나와 같이 학생한테는 자기만의 공간이 필요 없다고 했다. 학생이라고 자기만의 공간이 필요한 건 아니고 거짓말도 많이 하게 될 것 같다고 했다. 또 방이 아니더라도 다른 곳에서 자기만의 시간을 보내면 된다고 했다.

친구들 이야기를 들어보니 나는 찬성도 아니고 반대도 아니게 되었다. 학생이면 자기만의 공간이 필요한 게 당연한 것 같은데 그렇다고 자기만의 공간에서 계속 있다 보면 가족과 멀어지게 될 테니 중간입장이 되었다.

토론에서 친구들이 근거를 말할 때 반박을 잘 못하고 같은 말만 반복했는데 계속하다 보니 근거도 잘 정하게 되고 마지막에 친구들도 잘 설득할 수 있었다. 상대편 친구들이 설득을 잘 못했는데 잘하게 되면 토론을 더 흥미진진하게 할 수 있을 것 같다. 처음에 토론은 지루할 줄 알았는데 막상 해보니 생각했던 것보다 훨씬 재미있었다.

✐ 곽정윤(5학년)

내 생각? 친구들 생각?

『바람이 울다 잠든 숲』 최나미 글, 정문주 그림, 사계절

나는 「바람이 울다 잠든 숲」을 읽고 '엄마가 아플 때 아이를 다른 집으로 보내는 게 맞을까?' 라는 이야깃거리를 골랐다. 이유는 엄마라는 존재는 소중하기 때문에 이야기가 많이 나올 것이라고 생각했다.

나는 엄마가 아파서 아이를 다른 집으로 보내도 된다는 찬성 입장을 선택했다. 이유는 엄마를 낫게 하려면 내가 좀 배려해주면 좋을 것 같아서이다. 준엽이는 엄마가 아프니까 더 옆에 있어 주어야 한다고 했다. 준엽이 의견도 솔깃했었다. 엄마가 아이를 보고 싶어 할 수도 있다는 생각이 들었다. 근데 민혜가 엄마가 아프면 어쩔 수 없다고 했다. 맞는 말이지만 엄마와 딸을 아빠 혼자 챙기기 너무 힘들 것 같다. 승현이는 엄마 자식이니까 엄마가 키워야 한다고 했다. 엄마가 키우는 건 당연하다고 했다. 하지만 어쩔 수 없다고 생각했다. 엄마가 아프면 아이를 잘 키우지 못하기 때문이다. 이때 조금 설득되려고 했었다. 그때 민혜가 엄마가 아프지 않아야 아이를 키울 수 있다고 말해서 설득되려 했던 게 없어졌다

친구들 말이 다 맞는 것 같아서 결정하기 어려웠다. 토론에서 아

무도 입장을 바꾸지 못했다. 결국 결론이 나지 않고 끝났다. 토론을 할 때 친구들의 생각을 듣는 방법을 알게 되었다. 다음에는 꼭! 설득해야겠다는 생각도 생겼다. 그리고 친구들이랑 처음 토론 했을 때 보다는 수준도 많이 올라갔고 실력도 늘은 것 같다. 그래서 토론이 더 재미있었다. 친구들도 예전보다 더 재미있었을 것 같다.

✎ 문희진(5학년)

너무 잊으려고 하지 말고 생각해!

『준비됐지?』 김옥 글, 홍정선 그림, 창비

나는 김옥 작가의 『준비됐지?』라는 책을 읽었다. 이 책은 주인공인 지효 동생 지민이가 죽었는데 가족들이 지민이를 잊기 위해 다른 도시로 이사를 가고 교회도 다니는 이야기이다. 나는 이 책에서 가족들이 지민이를 잊기 위해 이사도 가고 교회도 다니는 모습을 봤는데 주변 사람들도 죽은 사람을 계속 잊으려고 하는 것 같아서 '죽은 사람을 계속 생각해도 될까? 아니면 마음 정리를 하고 잊어야 할까?'라는 토론 주제에 대해 친구들과 이야기를 나누고 싶었다.

나는 죽은 그 사람을 계속 생각 해야 된다고 생각한다. 죽은 사람을 계속 억지로 잊으려면 우울증에 걸릴 수도 있고 죽은 사람을 계속 생각하다 보면 어느 정도는 진정이 될 수 있다고 생각했기 때문이다. 나와 같이 찬성이었던 현기는 죽은 사람이 친구나 가족일 수도 있는데 가족을 잊는 것은 아닌 것 같다고 했다. 또 우리나라 문화가 제사를 지내며 계속 생각하는 것인데 잊으려고 하면 문화를 어기는 게 아니냐고 근거를 들었다. 반대 의견이었던 수정이는 친한 사람이나 가족이 죽었는데 계속 생각하고 있으면 힘들 것 같다고 했고 어쩔 수 없이 잊어버릴 때도 있어서 계속 생각하는 것보다 가끔 생각하는 것이 낫다고 했다. 중안이는 죽은 사람을 계속 생각하면 우울증에 걸릴 것 같다고 했다.

  이 토론이 끝날 때까지 반대 팀에서 내 마음을 움직일만한 근거나 말이 나오지 않아서 내 의견은 바뀌지 않았다. 내가 정한 주제로 토론을 해보니 꼭 죽은 사람을 잊어야 할까?에 대한 궁금증이 풀려서 좋았다. 또 내가 궁금한 것을 같이 이야기 하면서 문제를 해결하니까 친구들과 친근함이 더 많아져 좋았다.

✎ 박범준(5학년)

뉴스 수난시대!

『블랙아웃』 박효미 글, 마영신 그림, 한겨레아이들

　박효미 작가님의 책 중 『블랙아웃』을 보면 주인공 동민이가 블랙아웃 상태에서 건물 스크린의 전기를 의심한다. 블랙아웃 일주일째 날 블랙아웃 날이 거짓뉴스라는 거도 증명된다. 이 장면을 보고 '뉴스를 믿어야 되나?'라는 토론 주제를 생각했다.

　난 뉴스를 의심해야 한다고 생각한다. 뉴스만 믿다가 불의의 사고가 발생할 수 있다. 뉴스를 믿다 보면 위험 상황에서 대피를 못할 수도 있다. 뉴스를 의심해야 가짜 뉴스를 안다. 이 생각에 친구들은 맞다고, 뉴스는 모두 다 옳은 것은 아니라고 했다.

　찬성 쪽 근거는 가짜 뉴스는 예전보다 훨씬 많아지고 대중에 파문혀 있어 의심을 하지 않으면 판단을 할 수 없다는 것이다. 요즘에는 가짜 뉴스가 정말 많고 진짜 뉴스와 좀 더 비슷하게 만들려고 하고 좀 더 현실적인 주제로 만들어서 이 근거가 맞다고 생각한다. 뉴스에서 완벽한 사실을 알려주는 것도 아니고, 가짜 뉴스에서도 완벽하게 가짜인 뉴스를 만들지도 않을 것이다. 또, 의심을 하지 않으면 위급한 상황에서 뉴스를 더욱 믿게 된다. 그럴수록 가짜 뉴스는 늘어날 것이다. 가짜 뉴스인지 의심해야 가짜 뉴스인지 알 수 있고, 알아야 각종 SNS에 올려서 사람들에게 알릴 수 있다.

반대쪽은 가짜 뉴스도 뉴스이기 때문에 세상 돌아가는 것을 알 수 있다고 했다. 그런데 가짜 뉴스는 세상 돌아가는 것을 정반대 혹은 이상한 방향으로 정보를 알려주기 때문에 세상 돌아가는 것을 알기는커녕 더욱 모르게 될 수도 있다. 두 번째로 진짜 뉴스가 나올 때가 많기 때문에 믿어야 한다고 했다. 가짜 뉴스가 나오면 계속 가짜 뉴스에 빠져서 가짜 뉴스만 믿게 된다.

나의 입장은 크게 달라지지는 않았다. 책에 나오는 이야기와 내 경험을 토대로 이야기했더니 상대방이 반박할 것이 많이 없었나 보다. 요즘 진짜 뉴스와 가짜 뉴스를 구분하기 어려운 게 사실이다. 요즘 시스템이 좋아져서 더욱 구분하기 힘들다. 그럴 때는 뉴스가 진짜인지, 가짜인지 의심해 보고 의심해도 전혀 알 수 없을 땐 인터넷이나 SNS를 찾아보고 판단을 해야 한다.

책의 배경, 주인공의 말과 행동을 잘 봐야 이야깃거리를 찾을 수 있다. 다른 책을 읽으면서도 이런 생각을 하면서 읽으면 그 책에서 주제를 잘 찾을 수 있을 것이다. 근거를 대고 반론하기, 반론꺾기를 하면서 나는 마음이 움직이는 것을 보았다. 또, 상대의 말문을 막히게 할 때 그 느낌은 정말 짜릿했다. 이것을 글로도 나타내어 보니 토론 준비과정과 토론이 끝난 후에는 어땠는지 다시 돌아보게 되었다.

✐ 문지원(5학년)

달라도 괜찮아

『플레이볼』 이현 글, 최민호 그림, 한겨레아이들

　이현 작가의 『플레이볼』을 읽었다. 이 책은 동구라는 애가 주요 인물이다. 야구를 좋아하는 동구가 야구를 하면서 어려움을 많이 겪는데 이 일들을 극복하는 이야기가 담겨 있다.
　나는 이 책에서 '내 꿈을 정할 권리는 부모님에게도 있을까?'라는 토론 주제를 떠올렸다. 동구네 아빠는 동구의 꿈을 계속 반대한다. 다른 아이들도 부모님이 내 꿈을 결정해주는 권리가 있다고 생각하는지 궁금했다. 나는 내 꿈을 정할 권리가 부모님에게도 있다고 생각한다. 동구네 아빠도 야구가 싫어서 반대하는 게 아니라 동구의 미래를 생각해서 말하는 것이다. 나를 제일 잘 아는 사람은 부모님이니 내가 어떤 직업을 제일 잘할지 알 거다. 요즘에는 꿈을 빨리 못 찾는 사람이 많은데 부모님의 도움을 받으면 더 빨리 내 꿈을 찾을 수 있을 것 같다.
　호준이도 나와 마찬가지로 부모님에게도 권리가 있다고 했다. 부모님은 나보다 이런 경험을 한 적이 많으니 어떤 게 좋은 직업인지 안 좋은 직업인지 알 거고 부모님이 나를 낳아줬으니 조금이라도 의견을 낼 권리는 있다고 했다. 태석이랑 허도는 이 의견에 반대라고 했다. 먼저 태석이는 부모님이 얘기하는 직업이 나랑 안 맞을 수 있고 내 권리를 부모님이 뺏어가는 기분이 든다고 했다. 허도는 동구처럼 내가 진짜로 하고 싶은 일인데 부모님이 반대할 수 있고 부모님의 생각과 내 생각이 다르면 말다툼이 일어나서 사이가 멀어질 수도 있다고 했다.

　토론을 하고도 내 생각은 그대로였다. 충분히 다 일리 있는 생각들이지만 나를 크게 설득할만한 근거는 없어서 아직 내 생각은 처음과 똑같다. 토론을 할 때 내 생각이 맞다, 다른 사람 생각이 틀렸다 이렇게 정할 수 없는 것 같다. 누가 말하든 다 자기가 그렇게 느끼고 까닭이 있는 말이어서 함부로 정할 수 없는 것 같다. 토론은 다른 사람의 생각도 들어보기 위해 하는 거지 이기고 지고를 결정하는 게 아니다.

　　🖋 김민서(5학년)

마음이 자꾸 움직인다

『탄탄동 사거리 만복전파사』 김려령 글, 조승연 그림, 문학동네

이 이야깃거리를 고른 까닭은 내가 어렸을 때 사고 싶은 것을 못 사면 슬프고 화났던 감정과 비슷한 것 같아서 이 이야깃거리를 골랐다. 책에서 순주가 진주를 찾으러 굴뚝에 들어갔다. 그 행동을 보고 '학원에 가야 하는데 친구가 집에 초대하면 가야 하나?'라는 이야깃거리가 생각났다. 이유는 이 이야깃거리를 같이 토의하면 더 좋은 방법이 나올 것 같아서이다.

이 이야깃거리에 대한 내 의견은 학원에 가야 한다고 생각한다. 왜냐하면 학원비는 적어도 20~30만원인데 하루 빠지면 돈이 너무 아깝기 때문이다. 나의 의견에 은준이가 반론을 했다. 그때 '친구 집에 가야 한다'로 넘어갈 뻔 했다. 준결이는 학원비가 아깝다고는 했지만 친구 집은 한번 안 가면 끝일 수도 있어서 가야 한다고 했다. 그래서 중요하지 않은 일일 수도 있고 꼭 친구 집에 초대하는 것이 마지막이 아닐 수도 있다고 내가 말하니까 은준이가 친구 집에 가서 음식을 많이 먹으면 학원비를 날리는 게 아니라고 했다. 그 의견에 준결이가 학원 스트레스도 풀면서 노는 것도 나쁘지 않다고 덧붙였다. 결국 나는 학원보다 친구 집에 가야 한다고 입장이 바뀌었다. 그

이유는 은준이가 노는 것도 배우는 것이라고 했기 때문이고 준결이가 학원 스트레스도 풀어야 한다는 의견 때문에 입장이 바뀌었다.

  우리 모둠은 3명인데 중간에 은준이가 아파서 빠졌을 때 준결이와 나만 토의를 했다. 하지만 계속 말도 안 되는 근거와 꼬리를 잡고 늘어져서 싸울 뻔 했을 때도 있었다. 토론을 하면서 알게 된 것은 꼬리를 잡고 늘어지면 싸움만 일어나는 것과 말도 안 되는 근거를 말하면 친구가 말꼬리를 잡고 늘어진다는 것이다. 토론을 하며 어려웠던 건 싸움 같은데 싸움이 아니라 이야기를 한다는 것이 어려웠고 입장 바꾸기도 어려웠다.

권해인(5학년)

버릴까? 버리지 말까?

『드림하우스』 유은실 글, 서영아 그림, 문학과지성사

『드림하우스』는 가난해도 기죽지 말고 살라는 것 같다. 좋은 기회는 누구에게나 찾아온다는 것을 알려 주는 책이다. 나는 보람이네 집이 바뀔 때 낡은 집을 버릴까 말까 고민하는 모습을 보고 토론 주제를 정했다. 내 토론 주제는 '낡고 더러워진 물건은 버려야 할까?'이다. 나도 보람이네 가족처럼 낡은 물건을 버릴지 말지 고민한 적이 있었다.

나는 낡고 더러워진 물건을 버려도 된다고 생각한다. 낡고 더러워진 물건 대신 새로운 물건을 사서 쓰면 된다고 생각한다. 예진이는 나와 반대의 생각을 가지고 있었다. 아무리 더러워진 물건이라도 추억이 있으니 버리지 않을 거라고 했다. 정윤이는 추억이 담긴 물건을 버리면 마음이 편치 않을 거라 버리지 않는 게 좋다고 했다. 설이는 낡고 더러워진 물건은 버려도 된다고 했다. 다른 물건을 사서 다시 추억을 만들면 된다고 주장했다. 그리고 이미 버린 물건에 담긴 추억은 머릿속으로 생각하면 된다고 했다.

나는 토론을 하면서 생각이 바뀌었다. 아이들의 이유나 근거를 들어보니 그 말이 맞았다. 정윤이 덕분에 추억이 담긴 물건을 버리면 마음이 편치 않다는 것을 알았다.

 토론은 쉬울 거라고 생각했는데 막상 해보니 너무 어려웠다. 토론은 말만 하면 된다고 생각했는데 그냥 말만 하면 되는 것이 아니라 토론 주제에 맞는 생각을 하면서 말해야 된다는 것을 알았다.

✐ 박지후(5학년)

부모님의 말

『일수의 탄생』 유은실 글, 서현 그림, 비룡소

나는 유은실 작가의 『일수의 탄생』을 읽었다. 이 책은 일수가 학교에서 서예를 하게 된다. 학교에서는 서예에 재능이 있다고 한다. 그래서 엄마가 일수를 서예 학원에 보냈는데 학원에서는 재능이 없다고 했다. 엄마는 일수가 서예로 성공해 자신을 돈방석에 앉혀 줄 거라고 말한다.

나는 일수의 탄생을 읽으며 '부모님의 말은 맞는 말일까?' 라는 토론거리로 토론을 하고 싶었다. 일수의 탄생에서 엄마가 서예로 성공한다고 그랬는데 일수 엄마 말대로 일수는 서예로 엄마를 돈방석에 앉게 하는 모습이 나온다.

나는 부모님의 말은 맞는 말이라고 생각한다. 부모님의 말은 틀린 말보다는 맞는 말이 더 많고, 또 어른들은 모르는 것보다는 알고 있는 게 많기 때문에 맞는 말이라고 생각한다. 예진이는 부모님의 말은 맞지 않다고 생각한다고 했다. 어른들은 예언자가 아니어서 잘 모를 때도 많고 어른이라고 다 맞는 건 아니기 때문이다. 그리고 정윤이도 부모님의 말은 맞지 않다고 생각했다. 정윤이는 부모님이 항상 진실만 말하는 것도 아니며 지식을 많이 가진 지식인이 아니라고 했다. 지후는 부모님의 말이 맞다고 생각했다. 부모님은 오래 살았기 때문에 부모님의 말이 맞다고 생각하고 또 부모님께서 거짓말을 할 때도 있지만 대부분은 다 맞는 말이기 때문이라고 했다.

  나는 찬성 의견이었는데 정윤이와 예진이가 어른들은 예언자가 아니고, 맞지 않는 말도 많다는 말을 듣고 부모님의 말은 맞지 않다고 생각이 바뀌었다. 토론을 해보니 토론이 사람의 생각을 바꾸게 한다는 것을 알게 됐다.

✎ 이설(5학년)

부모다운 부모가 되기 위해서

『노란상자』 박효미 글, 이광익 그림, 웅진주니어

나는 박효미 작가의 『노란상자』라는 책을 읽다 대희의 엄마께서 대희가 아끼는 곤충들을 집이 좁다고 버리려 하면서 대희한테 화를 쏟아내고 왜 여기 있는지 물어보지도 않고 소리만 지르는 장면을 보고 엄마의 훈육 방법에 대해 이야기를 해 보고 싶었다. 그래서 이야깃거리를 '자식의 잘못을 바로 잡는 방법은?'으로 정하고 토의를 해 보았다.

나는 자식이 자기가 무엇을 잘못한 것 같은지 물어 보고 차분하게 말하면서 타이르는 방법이 좋다고 생각한다. 소리를 지르면서 말하면 아이도 놀라고 더 화가 쌓이기 때문에 차분하게 말해야 한다. 또, 잘못을 물어 보면 아이를 믿고 있다는 증거가 된다. 세 번째 근거는 '너가 이 잘못을 해서 이런 일이 일어났다'라고 차분하게 말해줘야 하기 때문이다. 이런 내 의견에 대해 친구들은 방법이 통할 수도 있겠지만 거짓말을 할 수도 있으니 내 방법대로 너무 화내지 말고 차분히 말해야 한다고 하였다.

토의를 했을 때, 차분하게 말해야 한다고 한 아이가 두 명이었다. 차분하게 말하면 아이도 덜 놀라고 화도 가라앉을 것 같다. 크게 혼내라는 아이는 한 명이었다. 난 이 생각은 반대한다. 너무 크게 혼을 내면 아이도 놀라고 엄마도 화가 더 날 것 같기 때문이다. 자식이 스스로 깨우치게 하라는 애가 두 명이었는데 왠지 스스로 깨우치기는 힘들 것 같다. 거짓말을 할 수도 있으니 너무 화를 내지 말고 타이르며 푼다고 하는 애도 두 명이었다. 거짓말을 하지 않게 화를 강압적으로 내지 않는 게 중요하다.

  친구들이 내 의견, 토의거리에 정말 각자 다른, 하지만 모두 색다른 방법을 이야기해주었다. 의견을 모아서 이런 결과를 냈다. 자식을 혼낼 땐 차분하게, 자식이 어떤 잘못을 했는지 깨우치게 하며 해결한다.

  여러 가지 책을 읽으며 토의·토론거리들을 배우며 내 이야깃거리를 뽑아내는 것이 재미있었고 새로웠다. 4학년 때까지는 의견만 말했는데 이젠 근거까지 해 보았고 이야깃거리에서 근거를 뽑아낸 것이 새로웠다. 친구들의 말을 정리하는 것도 쉽지 않았다. 간추려서 쓴다는 게 어느 것을 중심으로 잡는지가 중요한 것이었다. '책향기 가득합니다!'를 하며 나의 생각하는 힘을 조금 더 기른 것 같다. 책을 문학 종류에만 꽂혔는데 이제는 다른 장르도 도전할 수 있게 되었고 읽고 이야기를 나누면서 내 생각을 더 깊게 파고 들어갔던 것 같다. 좋은 토의·토론거리는 좋은 이야기에서 나온다는 것을 알았다.

✐ 강정윤(5학년)

부모와 자식의 관계

『마지막 이벤트』 유은실 글, 강경수 그림, 비룡소

내 이야깃거리는 '부모와 자식은 서로 친하게 지내야 할까?'이다. 이 이야깃거리를 뽑은 이유는 내가 생각했을 때 이 책의 주제가 '부모와 자식은 서로 친해야 한다'라서 그 이야기를 토론 주제로 바꿔서 뽑았다.

처음 내 생각은 할아버지 할머니랑 아빠 엄마가 친해야 그 다음 부모와 자식도 친할 수 있기 때문에 부모와 자식은 서로 친해야 한다는 것이었다. 내 이야기를 듣고 민건, 은채는 맞는 말이라고 했다. 부모님이 우리를 낳아 주시고, 키워주시고, 우리가 어려울 때 부모님을 의지해야 하는데 친하게 지내야 한다는 친구들의 의견과 달리 채환이는 부모님과 꼭 친하게 지낼 필요는 없다고 했다. 특히 혼나거나 싸울 때는 친하게 지내기 어렵다고 했다. 내 이야깃거리에 대한 친구들의 의견에 대해서 더 알아보자. 민건이 의견은 부모님이 나를 낳아주셨는데 당연히 친하게 지내야 한다고 했다. 당연한 말인 것 같다. 나를 키워주시고 낳아주셨는데 부모님과는 항상 친해야 한다. 은채도 자식과 부모가 서로 친해야 한다고 했다. 나중에 위험하고 힘들 때 의지할 사람이 부모님 밖에 없다고 생각한다고 이야기했다.

나도 옳다고 생각한다. 친해야지 나중에 잘 살 수 있을 것 같다. 의지할 건 부모님이 짱이다. 마지막으로 채환이는 꼭 친하게 지낼 필요는 없다, 싸우는 사이라면 친하게 지낼 수는 없다는 의견이다. 나는 싸울 때는 친하게 지내긴 어렵겠지만 그래도 다른 때는 친하게 지내야 하고 서로 싸우지 않으려고 노력해야 한다고 생각한다.

우리 모둠(유은실 작가 모둠)은 입장이 끝까지 갈라졌다. 그래도 친하게 지내야 한다는 의견이 더 많았다. 나도 처음 생각과 변함이 없다. 우리 모둠은 모두 처음과 변함이 없었다. 이야깃거리를 정하고 토론을 하고 정리까지. 오랜 시간 동안 많은 걸 했다. 생각하고, 토론도 더 잘하게 되었다. 열심히 한 보람이 있다. 항상 하나를 잘하려면 절차를 거쳐야 하는 것 같다.

심하영(5학년)

삥 뜯는 거 아니지?

『건방이의 건방진 수련기』 천효정 글, 강경수 그림, 비룡소

천효정 작가의 책 중 나의 이야깃거리는 '사람을 돕고 나서 돈을 받는 게 맞는 걸까?'이고 『건방이의 건방진 수련기』에서 건방이가 골목길에서 아이를 도와주는데 그 아이의 핫도그를 건방이가 가져가 먹는 장면에서 생각했다.

이야깃거리에 대해 나는 돈을 받지 않아도 된다고 생각한다. 자신이 그 직업을 가진 것도 아닌데 뭐 하러 돈을 요구하는지 이해가 안 되고, 도움을 받은 사람이 돈 준다고 하지도 않았는데 돈을 뺏으면 삥 뜯는 거 같다. 또, 돈을 요구하면 같은 처지가 될 거 같다.

찬성하는 친구들은 부정적인 상황만 있지 않으니 받아도 된다고 했다. 기껏 도와주고 나서 그냥 가라고 하는 건 미안할 거 같다는 이야기도 했고 사람을 돕는 게 직업일 수도 있고 돈을 받으려고 돕는 사람이 있을 기 같다고 했다. 그렇다고 해서 사람을 도와주고 나서 도움 받은 사람이 돈 준다고 하지도 않았는데 달라고 하면 그건 삥 뜯는 거 같다. 만약 도움 받은 사람이 돈을 준다고 해서 도움을 준 사람이 받는다고 하면 왠지 도움을 준 사람은 멋있어 보이지 않을 것 같다.

반대쪽에서는 돈으로 배상하는 건 안 좋은 일이라고 했고, 자원봉사자처럼 돈 받지 않고 도와주는 사람이 있는데 돈을 받는 건 아니라고 했다. 또, 돈 대신 칭찬을 해주면 자존감이 생길 거 같다고 하였다. 반대쪽 말대로 자원봉사자처럼 돈 받지 않고 하는 것도 있는데 돈을 왜 주는지 모르겠다. 진짜 고마워서 돈을 줄 수도 있을 거 같은데 돈으로 배상하는 것보다 칭찬을 해주는 게 자존감도 생겨서 기분이 더 좋을 거라고 생각한다.

토론 결과 내 입장은 변하지 않았다. 자원봉사자처럼 돈을 받지 않고 도와줄 수 있는데 굳이 돈을 받아야 한다고 생각하진 않기 때문이다.

책을 읽고 재미있는 내용이 있었는데 그 주제로 토론을 해서 기분이 좋았다. 토론으로 친구들의 생각을 들었는데 '오! 진짜 맞는 말이다'라고 생각했던 게 많았고 애들 생각과 내 생각을 정리하는 건 생각보다 쉽지 않았다. 친구들의 의견과 토론한 내용, 찬성과 반대의 근거를 정리하다 보니 복잡하고 어려운 글쓰기라고 했다. 그렇지만 글을 싹 훑어보니 토론이 어떻게 흘러갔는지를 알 수 있었다.

✐ 신동재(5학년)

사람마다 생각이 다 다르다

『움직이는 섬』 최나미 글, 최정인 그림, 한겨레아이들

나는 『움직이는 섬』을 읽으며 '부모님과 싸웠다고 집을 나가도 될까?'라는 이야깃거리를 찾았다. 진규와 진규 아빠가 싸우게 돼서 진규가 집을 나가 움직이는 섬에 간 내용이어서 '싸웠다고 집을 나가도 될까?'라는 생각이 들어서 이 이야깃거리를 뽑았다.

나는 아무리 부모님과 싸웠다고 해도 집을 나가면 안 된다고 생각한다. 왜냐하면, 싸웠다고 집을 나가면 부모님이 걱정하실 것이고, 나간 애도 포근한 집이 그립고, 부모님이 보고 싶어서 후회가 될 것이기 때문이다. 또, 집을 나간다고 그 일이 해결되는 것도 아니기 때문이다. 모둠 친구 중 박서은은 부모님과 싸웠다고 집을 나가면 안 된다고 말했다. 부모님이 이유 없이는 화를 내지 않을 것 같기 때문이라고 말을 했다. 나도 서은이와 같은 의견이지만 이 근거는 생각을 못 했다. 나는 시은이 말에 공감한다. 김우영은 엄청나게 크게 싸운 것이면 나갈 가능성이 높은 것인데 그래도 안 나가는 게 좋다고 했다. 후회가 될 수도 있기 때문에 안 나가는 게 맞다고 생각한다고 했다. 나는 김우영의 말에 조금 공감이 간다. 부모님이 엄청나게 보기 싫고, 진짜 엄청나게 크게 싸웠다면 나가는 게 맞을 것 같다는 생

각이 들어 조금 공감이 된다. 이주안은 무조건 나가야 한다고 했다. 부모님이 우리의 소중함을 알 수 있게 하기 위해서라도 나가야 한다고 말했다. 아무리 그래도 우리의 소중함을 알리기 위해서 나가는 것은 아니라고 생각한다. 집을 나가면 나간 애만 떠돌아다녀야 해서 나간 애만 손해라고 생각하기 때문에 나가는 것은 안 좋다고 생각한다.

처음의 내 입장은 집을 나가는 것에 완전 반대였는데 토론을 하고 나니 중립에 가까운 반대로 바뀌었다. 엄청나게 크게 싸우면 나가도 된다는 생각이 들었기 때문이다. 책을 읽고 이야깃거리를 찾아서 토의 토론을 해본 적이 없었는데 이 활동을 통해서 해봐서 새로운 경험이었다. 이야깃거리를 찾을 때 애들이랑 생각이 거의 달라서 사람마다 생각이 다 다르다는 것을 또 한 번 더 깨닫게 되었다. 이 활동을 통해서 토의 토론에 대해서 알게 되었다.

이혜규(5학년)

생각을 잘 해야 말도 잘한다

『싸움의 달인』 김남중 글, 조승연 그림, 낮은산

나는 김남중 작가의 『싸움의 달인』을 읽었다. 『싸움의 달인』은 만두 삼촌과 또 다른 사람들이 함께 재건축 일당과 경찰을 막아서 식당을 지키려는 내용이다.

진기는 평소에 소령이를 계속 괴롭혔다. 그래서 소령이가 만두 삼촌에게 싸움에서 이기는 방법을 알려 달라고 했고 배운 방법으로 진기에게 한 방 날린다. 이 때 진기가 불리하니까 엄마에게 가서 일렀다. 이 장면을 보고 나는 '싸움에서 자기가 불리하면 다른 사람에게 일러도 되나?'를 토론 주제로 정했다.

나는 싸움에서 불리할 때 다른 사람에게 이르는 것에 반대한다. 자신이 먼저 싸움을 걸어 놓고서는 불리해질 때 다른 사람에게 일러버리면 피해자가 혼날 수도 있기 때문이다. 자신이 괴롭힌 앞의 상황은 빼고 말하는 경우가 많기 때문이다. 나와 같은 생각인 동욱이는 다른 사람에게 도와달라고 하는 것은 비겁하다고 했다. 자기가 먼저 시작했으면 자기가 끝내야 한다고 했다. 자신의 싸움에 다른 사람이 끼면 같이 싸우는 일이 벌어질 수 있고 그러면 일이 더 커지기 때문이라고 했다. 우빈이는 싸움에서 불리할 때 다른 사람에게 가서 일러도 된다고 했다. 자신이 위험하고 자신의 몸이 더 소중하기 때문이라고 했다. 수영이는 우빈이와 의견이 같은데 도움이 필요한 상황이고 다른 사람에게 일러야 아무도 안 다치고 싸움도 빨리 끝날 수 있다고 했다.

이 토론을 하고 난 후 나는 의견이 반대에서 찬성으로 바뀌었다. 나와 동욱이가 반박을 제대로 못했고 우빈이와 수영이가 한 말을 다시 생각해 보니 더 맞는 말이었다. 토론을 할 때 생각을 잘 해야 하고 말도 잘 해야겠다는 생각이 들었다. 앞으로 생각을 좀 깊게 해야겠다.

✐ 이건희(5학년)

심부름을 하고 대가를 받는 것은 옳은가?

『건방이의 건방진 수련기』 천효정 글, 강경수 그림, 비룡소

『건방이의 건방진 수련기』에서는 건방이가 누군가를 지켜주고 대가로 돈을 받는 장면이 나온다. 우리 모둠에서는 평소에 우리가 하는 심부름을 하고 대가를 받는 것에 대해 이야기하고 싶어서 이것을 토론주제로 골랐다.

나는 대가를 받는 게 옳다고 생각한다. 내가 힘들여서 수고했으니 그것에 대해 값이 되는 것을 받는 것이 당연하기 때문이다. 우리 모둠에서는 반대 의견도 있었다. 심부름하면 기분이 좋고 뿌듯한 마음이 들고 다음번에 더 열심히 하고 싶은 마음이 생기므로 굳이 대가는 필요 없다고 하였다. 하지만 나는 심부름을 하고 나서 뿌듯한 마음이 들지 않을 수도 있고 힘이 들 수도 있으니 수고비라도 받아야 한다고 생각한다. 또 부모님은 우리를 키워주시고 음식도 주시는데 우리는 감사한 마음만 갖지 그 대가로 돈을 드리지는 않는다고 하였다. 그것처럼 심부름도 돈이 필요하지는 않다고 하였다. 우리 모둠은 찬성이 1, 반대가 3이었는데 반대 의견 중 부모님께 돈을 드리지는 않는다는 의견을 듣고 내 생각이 바뀌게 되었다. 그래서 심부름한 대가는 받지 않아도 된다고 결론을 지었다. 심부름한 대가를 먼

저 주시겠다고 한 경우에만 받는 것으로 결론지었다. 반대 측 친구들이 다 같은 근거를 이야기했지만, 그 근거가 좋았다.

   토론하다 보니 친구 의견을 따라 말하는 경우도 있었지만 모두 토론에 잘 참여한 것 같다.

✐ 장은수(5학년)

아이들이 싸웠을 때 부모님이 관여하는 것은 옳을까?

『싸움의 달인』 김남중 글, 조승연 그림, 낮은산

　김남중 작가의 『싸움의 달인』에서는 소령이가 진기와 싸움을 하게 되는데 진기의 어머니가 학교에 찾아와 이런 문제는 부모님들끼리 해결해야 한다고 말하는 장면이 나온다. 아이들의 싸움에 부모님이 관여하는 게 맞는지 궁금해서 이 이야깃거리를 뽑게 되었다.
　나는 아이들끼리 싸웠다면 싸운 아이들끼리 서로 사과도 하고 화해도 해서 충분히 풀 수 있는데 부모님이 오셔서 관여하게 되면 부모님들의 사이가 안 좋아질 가능성이 있고 아이들도 서로 사이가 나빠질 수 있다고 생각한다. 그러므로 아이들 싸움은 부모님이 관여하지 않고 아이들에게 맡기는 것이 낫다고 생각한다. 이에 대해 윤호는 만약 아이들끼리 싸워서 다치기라도 한다면 그것에 대해 보상을 해 주어야 하므로 부모님이 관여하는 것이 필요하다고 하였다. 나는 아주 조금 다친 것 가지고 일일이 피해 보상을 부모님께 해 달라고 하는 것은 옳지 않은 일이라고 했다. 세희는 아이들끼리 싸웠다면 부모님이 올바른 행동과 하지 말아야 하는 행동이 어떤 것인지에 대해 교육해주는 것은 필요하다는 의견이었다. 그 말은 나도 옳다고 생각한다. 만약 아이들끼리 해결할 수 없는 큰 문제라면 부모님이 나서서 아이들을 교육해야 한다고 생각되었다.

　우리 모둠은 토론 결과 세희의 의견에 내가 설득당해 내 의견이 조금 바뀌었다. 심하게 싸운 문제는 부모님의 교육이 필요하다고 생각한다. 그리고 한 번 싸우고 교육을 받으면 다음에 비슷한 일이 생겼을 때 교육을 통해서 그 상황을 잘 대처하는 힘이 생길 수 있기 때문이다.

　난 책 향기 모둠 토론이 재미있었다. 친구들끼리 토론을 하면서 이야기가 오고 가는 것도, 결과를 정리하는 것도 재미있었다. 내가 책을 좀 늦게 읽고 기록을 잘하지 못해서 모둠 친구들이 토론주제 정하는 것을 도와주어서 고마웠다.

　　　　　　　　　　　　　　　　　　　🖋 김지효(5학년)

어려운 선택, 여러 가지 생각

『엄마의 마흔 번째 생일』 최나미 글, 정문주 그림, 사계절

　나는 「엄마의 마흔 번째 생일」을 읽고 '집안 환경이 어려울 때 나를 위해 꿈을 이루려 노력해도 될까?'를 이야깃거리로 골랐다. 까닭은 청년들이나 우리 어린이들이 언젠가는 겪을 수도 있는 일이고 서로의 생각이 달라 여러 이야기가 많이 나올 것 같아서 골랐다.
　내가 뽑은 이야깃거리에 대한 내 입장은 집안 환경이 어려워도 꿈을 이루는 것은 괜찮다고 생각한다. 근거는 내가 원하는 것에 대해서는 최선을 다해야 한다고 생각하기 때문이다. '집안 환경이 어려울 때 꿈을 이뤄도 될까?'라는 이야깃거리에 민혜는 집안이 어려울 땐 가족부터 챙겨야 한다고 말했다. 근거는 힘들 땐 가족끼리 더욱 힘을 합쳐야 한다고 했다. 집안 환경이 어려울 때는 가족부터 챙겨야 한다는 민혜의 말에 나는 이미 환경이 안 좋은데 내가 거기서 가족부터 챙기느니 내 꿈을 이루는 게 더 의미 있다고 생각을 했다. 희진이는 꿈을 이루면 가족을 더 잘 챙길 수 있다고 했다. 근거는 내가 꿈을 이루면 걱정이 덜어지니 더 잘 챙길 수 있다고 했다. 희진이의 말은 내 생각과 비슷했다. 승현이는 가족을 버리고 꿈을 이루면 안 된다고 했다. 근거는 가족을 버리면 더욱 힘들어질 수 있다고 했다. 하

지만 나는 꿈을 포기하는 것은 바보 같은 짓이라고 생각했다. 승현이의 말에 내가 "그럼 꿈은 포기해야 해?"라고 질문했다. 승현이는 가족을 챙긴 후 꿈을 이루는 것은 문제가 없다고 했다. 민혜는 나의 말에 "그럼 가족은 누가 챙겨?"라고 했다. 나는 남은 가족끼리 알아서 서로 챙기라고 했다. 희진이는 민혜의 말에 "아니지 꿈을 이뤄야 가족을 더 잘 챙길 수 있지"라고 했다.

　내 입장은 바뀌지 않았고 토론은 결론이 나지 않았다. 반론을 하는 것과 남의 얘기를 잘 듣고 부족한 점을 찾는 것을 잘하게 되었다. 내 생각을 자세히 말하고 상대의 이야기를 존중하여 설득하는 법을 알게 되었다. 또 내가 내 주장만 고집하는 것이 아닌 다른 친구들의 이야기를 듣고 마음을 움직이는 것이 토론을 제일 잘 하는 것이라는 걸 알게 되었다.

✐ 김준엽(5학년)

어릴 땐 자유를 주세요!

『길고양이 방석』 박효미 글, 오승민 그림, 사계절

『길고양이 방석』에서 지은이의 엄마가 지은이에게 학습지를 많이 풀게 하고 학원을 많이 다니게 한다. 영어 테이프, 문제지, 학습지. 자유시간도 별로 없는 것 같았다. 이야기가 아닌 실제 상황에서도 학원을 많이 다니는 아이가 많다. 그래서 나는 '어릴 때 학원을 많이 다니는 게 좋은 걸까?'라는 생각이 들어 이야깃거리로 정했다.

나는 어릴 때 학원을 많이 다니는 것을 반대한다. 일단 아이들에겐 자유를 주고, 공부는 필요할 때 학원을 다니는 게 좋을 것 같다. 내 의견을 듣고 수환, 혜민, 지완이는 고개를 끄덕이며 모두 맞다고 했다. 우리는 토론을 할 때 의견을 바꾸었다. 처음에는 우리 다 반대 편이어서 찬성 쪽으로 수환이와 내가 가게 되었다. 그래서 찬성 편 입장에서 생각을 해보기로 했다. 지완이는 학원을 다니면 피곤하고 스트레스를 많이 받는다고 하였다. 그런데 난 스트레스는 극복할 수 있고, 자신이 좋아하는 학원이라면 스트레스를 덜 받을 것이라고 생각한다. 물론 너무 많이 다니면 피곤하긴 하다고 생각한다. 혜민이는 찬성 편에서 학원을 다니면 나중에 공부를 잘할 수 있다고 했다. 하지만 커서 공부를 잘하면 좋은 직장에 들어갈 수는 있지만 어릴 때는 자유시간이 많은데 그 시간을 뺏기는 것 같아 싫다. 수환이는 자유가 있어야 한다고 말했는데 나와 비슷한 의견이어서 공감이 갔다.

이렇게 토론을 해보니 어릴 땐 자유가 필요하다는 생각이 맞는 것 같다. 토론을 하면서 내 근거는 변화가 없었다. 하지만 나중에 학원이 도움이 된다는 의견 가운데 '영어'는 학원이 필요할 것 같긴 하다.

나는 토론을 하기 전에 걱정이 되었다. 토의 토론을 잘 할지 못할지, 내가 주제를 이해 못하는 건 아닐까 하며 걱정했다. 왠지 잘 못하면 안 될 것 같아 이 생각을 한 것 같다. 하지만 의견을 나누고 이야기를 하니 걱정보단 꽤 재미있었다. 공감도 되고 '아닌 것 같은데.'라고 생각을 하기도 했다. 나는 학교에서 토론을 해 본 적이 없는데 이수환, 함지완, 김혜민 세 명과 토론과 토의를 해서 좋았다. 가족들과도 한 번 주제를 잡고 토론을 해보고 싶어졌다.

✐ 박은아(5학년)

왔다 갔다 하는 친구의 마음

『드림 하우스』 유은실 글, 서영아 그림, 문학과지성사

나는 『드림하우스』를 읽고 '인기 때문에 평소와 다르게 행동해도 될까?'를 이야깃거리로 골랐다. 친구 사이와 관련되어 있고, 우리가 겪는 일이어서 얘기와 의견이 많이 나올 것 같아서 이 이야깃거리를 뽑았다.

내 이야깃거리의 내 입장은 '평상시와 다르게 행동해도 된다'이다. 평상시에 성격이 안 좋은 사람이 다른 사람에게 피해를 주면 안 되기 때문이다.

내 의견을 말했을 때 주아가 그 사람이 갑자기 성격이 변하면 다른 사람들이 어색하다고 반론을 했다. 나는 그 사람이 성격이 좋아지면 오히려 인기가 많아질 거라고 반론을 했다. 현이가 평상시와 다르게 행동을 안 하면 자신의 본성이 드러나서 다른 사람이 피해를 입는다고 반대를 했다. 나도 현이의 생각을 듣고 설득력이 있다고 생각했다. 한슬이가 정현의 의견을 듣고 자신의 성격을 평상시와 같이 안 하면 친구들이 싫어하고 잘난 척을 한다고 느낀다고 해서 정현은 설득을 당했다. 나는 입장이 안 바뀌었다. 이해가 잘 안 되어서 설득이 안 되었다.

토론을 하고 설득력이 있는 의견을 반론하는 것이 힘들고 자신의 의견이 확실치 않으면 입장이 쉽게 바뀐다는 것을 알게 되었다. 그리고 안 들으면 토론에 제대로 참여를 못 한다는 것을 알게 되었다. 끼어들 때가 많아서 후회가 된다.

✎ 이민우(5학년)

의미 있는 장례식을 위해 정말 필요한 건 무엇일까?

『마지막 이벤트』 유은실 글, 강경수 그림, 비룡소

유은실 작가의 『마지막 이벤트』에서는 유일하게 주인공인 영욱이에게 위로를 주었던 할아버지를 의미 있게 보내는 방법이 무엇일까 궁금하여 이야깃거리를 뽑게 되었다.

나는 돌아가신 분이 잘 볼 수 있게 화환에 전하지 못했던 하고 싶은 말을 달아서 장식하고 장례식의 주인공이 좋아했던 사람이나 물건, 음식들을 준비하여 올리는 것이 필요하다고 생각한다. 모둠 친구들은 내 의견에 다 동의하였다. 또 연우는 영정사진을 올리고 돌아가신 분이 평소에 좋아했고 먹고 싶어 했던 음식을 올리는 것이 좋겠다고 하였다. 또, 평소에 돌아가신 분이 좋아하는 사람들을 불러서 함께 하는 것이 필요하다고 하였다. 내 생각도 비슷하다. 그 사람이 좋아했고 원했던 것들을 마지막으로 만날 수 있게 하는 것은 좋은 방법인 것 같다. 예찬이는 술이 필요하다고 하였다. 술을 마시면 취해서 애정이 많아지기 때문에 눈물이 나오고 더 슬퍼할 수 있기 때문에 술이 필요하다고 말했다. 하지만 내 생각은 좀 다르다. 나는 장례식에 술이 꼭 필요하지는 않다고 생각한다. 어린아이들이 올 수도 있는데 술을 먹고 안 좋은 모습을 보일 수도 있으니 좀 아닌 것 같다. 마지막으로 름이는 사람이 필요하다고 하였다. 사람이 있어야 장례식이 진행될 수 있기 때문이다.

나는 맨 처음에 돌아가신 분이 잘 볼 수 있게 화환에 전하지 못했던 말을 붙이면 되겠다고 생각했는데 친구들의 다양한 이야기들을 들을 수 있어서 좋았다.

처음에 이야깃거리를 찾는 게 엄청 쉬운 줄 알았다. 하지만 해 보니까 주제 찾는 건 쉬운데 '좋은 주제' 찾는 게 진짜 어려웠다. 주제 찾는 걸 배웠지만 아직도 좀 많이 어렵다.

✎ 장유주(5학년)

이런 게 진짜 두뇌게임!

『플레이 볼』 이현 글, 최민호 그림, 한겨레아이들

　내가 이야깃거리를 못 정해서 은결이의 이야깃거리 중에 '플레이 볼'이라는 책에 있는 이야깃거리인 '자신이 좋아하는 일을 열심히 하는 게 좋을까? 공부를 열심히 하는 게 좋을까?'라는 이야깃거리를 빌렸다. 이 이야깃거리를 보자마자 마음에 들었다. 왜냐하면 두 책 다 공부 말고 다른 걸 하고 싶은데 그걸 못 하는 것이 같아서이다.

　내 생각과 입장은 자신이 좋아하는 일을 하는 것이 더 좋다고 생각한다. 왜냐하면 공부를 싫어하는데 시키면 역효과이기 때문이다. 재현이의 생각과 입장은 '공부를 하는 게 더 좋다'이고 이유는 공부를 열심히 해야 돈을 많이 벌 수 있다고 했다. 난 돈을 많이 벌려고 어려서부터 공부하는 것은 안 좋다고 생각한다. 혜빈이의 생각과 입장은 '공부를 하는 게 더 좋다'이다. 이유는 공부를 해야 좋은 대학에 들어가는 동시에 좋아하는 일도 쉽게 할 수 있다고 했다. 나는 좋은 대학을 굳이 갈 필요가 없다고 생각한다. 또 태은이의 생각과 입장은 '좋아하는 일을 하는 것이 더 좋다'이고 이유는 공부는 나중에 열심히 하면 된다고 했다. 난 공부를 꾸준히 적게 하는 것이 더 낫다고 생각한다. 왜냐하면 공부를 너무 한 번에 하는 것보다 평소에 꾸준히 조금씩 하는 게 효과가 있다고 생각해서이다.

  나는 재현이의 입장에 반론을 했다. 돈을 많이 벌어서 자신이 할 수 있는 것을 하자라는 의견이 좀 이상해 보여서이다. 그래서 나는 돈을 벌어서 자신이 좋아하는 일을 할 수는 있겠지만 어릴 때는 어떡하냐고 반론을 하자 재현이의 입장이 바뀌었다. 그때 기분이 좋았다. 뭔가 뿌듯했다. 우리의 토론 결과는 좋아하는 일도 조금씩, 공부도 조금씩 한다고 났다. 좋아하는 일과 공부를 나누어서 조금씩 한다는 게 가장 효율적이라고 생각해서 이런 결론이 나왔다.

  토론을 할 때는 마냥 쉽고 재밌을 거라고 생각했지만 그게 아니었다. 생각보다 어려웠다. 마치 두뇌 게임을 하는 것 같았다. 이 기회에 상대방의 말을 잘 듣는 능력이 조금 더 는 것 같아서 좋았다. 토론을 어렵지만 재미있다. 애들의 입장이 바뀔 때의 그 쾌감은 정말 좋았다. 토론은 흥미진진해서 재미가 없을 때가 없다. 처음에는 힘들긴 했지만 나중에는 그게 참 뿌듯했다.

- 홍아라(5학년)

익숙해져버린 로봇

『마음대로봇』 이현 글, 김숙경 그림, 한겨레아이들

이현 작가의 『마음대로봇』에서 원하는 로봇을 만들어 대여해주는 천재숙 박사와 강연재 박사가 마니왕을 만들 때 '저런 로봇은 필요할까?' 생각하며 토론 주제를 정했다.

나는 로봇이 필요하다고 생각한다. 로봇이 없다고 생각했을 때 일자리는 많아지겠지만 외롭거나 힘든 사람들의 친구일 수도 있는 로봇(인공지능)이 없어진다면 그 사람들은 더욱 힘들어질 것이다. 사람이 하지 못하는 일을 로봇이 대신해 사람들의 생활을 편리하게 만든다.

로봇이 필요하다고 한 친구들은 첫 번째 근거로 로봇이 있어야 사람이 할 수 없는 힘든 일을 하고, 외롭거나 힘든 사람에게도 힘이 될 수 있다고 했다. 둘째, 로봇을 이용하면 사람이 할 때보다 정교하게 움직일 수 있고 사람처럼 긴장하고 떨지 않기 때문에 실수를 하지 않아서 일을 더 잘할 수 있다고 했다. 셋째, 로봇이 사람의 일자리를 빼앗는 게 아니라 새로운 직업이 생긴다고 했다. 로봇을 만드는 사람, 로봇을 만드는 데 필요한 부품을 만드는 사람이 필요하기 때문이라고 했다. 로봇에게 일자리를 뺏기는 게 아니라 오히려 로봇에 필요한 부품을 만들고 로봇을 설계하는 일자리가 생겨서 일자리를 늘릴 수도 있는 좋은 기회가 될 것이다. 만약 로봇을 작동하다 멈추거나 고장이 나면 좀 더 튼튼하게 만드는 일을 하는 사람도 필요하다.

　로봇이 필요 없다고 한 친구들은 로봇을 없애면 사람들의 일자리가 많이 생긴다고 했다. 그런데 일자리에서도 보면 사람이 할 수 없는 일을 로봇이 하기도 한다. 둘째, 로봇을 만들면서 환경이 파괴되니 필요 없다고 했다. 로봇 말고도 환경을 파괴하는 물건은 많고 좀 더 신경 써서 만들면 될 것이다.

　정말 이 세상에 로봇을 만들어 대여하는 곳이 있다면 가서 주문을 해 보고 싶다. 아니면 내가 직접 만들어서 대여점을 여는 것도 괜찮을 것 같다. 로봇이 만들어지면서 여러 가지가 파괴될 수도 있지만 사람이 하기 힘든 일이나 도움이 필요한 사람에게 쓰일 수도 있어서 로봇은 필요하다는 내 생각은 바뀌지 않았다.

　토론을 생각하고 친구들과 다시 이야기를 나눠 보고 한 편의 글로 만든 내가 참 대단하다. 책에서 궁금했던 걸 가지고 책을 만들 수 있다니 국어사전에서 모르는 단어를 찾은 것처럼 통쾌했다.

　　　　　　　　　　　　　　　　　　　　　🖉 현유정

책으로 소통하자!

『건방이의 건방진 수련기』 천효정 글, 강경수 그림, 비룡소

    나는 이야깃거리를 '아무도 모르는 나만의 비밀장소는 필요한가?'로 정했다. 『건방이의 건방진 수련기』의 책 내용 중에 건방이는 비밀장소가 있었다. 건방이의 할머니가 돌아가셔서 보육원으로 가기 전에 마지막으로 비밀장소를 들렀는데 그곳에서 사부님을 만나 사부님과 비밀장소에서 동거를 하게 된다. 그래서 나는 건방이가 어떻게 보면 사부님이랑 사는 게 보육원 가는 것보다 더 나았을 수도 있다는 생각이 들어 이 이야깃거리를 뽑았다.
    나는 비밀장소가 필요 없다고 생각했다. 어차피 가족이랑 같이 사는데 굳이 가족이 모르는 비밀장소가 필요하냐고 이야기를 했다. 그런데 찬성 측에서는 비밀장소가 필요하다고 했다. 그중에 수미는 가족이랑 사니까 혼자 살 때보다 더 부딪히는 면이 있어서 그것을 비밀장소에서 나만의 무엇을 해서 한을 풀어야 한다고 했다. 서현이는 동일하게 내 맘대로 못 하니까 스트레스를 받고 속상한 일이 있을 때 비밀장소가 있으면 그곳에서 조금이나마 속상함을 털어 낼 수 있다고 했다. 나는 가족이랑 살면 속상한 일도 있고 그러면서 같이 살아가는 것이라고 생각한다. 뭐 그렇게 스트레스를 많이 받는 사람에

게는 비밀장소가 있는 것도 나쁘지는 않을 것 같다. 나랑 생각이 같은 반대 측 세훈이는 가족이랑 사는데 왜 비밀장소를 숨기느냐고 했다. 비밀장소는 있되, 가족에게만 알려주는 게 나을 것 같다고 했다.

이야기를 나누고 나서 나는 생각이 바뀌지는 않았다. 그런데 비밀장소에서 속상한 것을 푸는 것은 좋은 방법 같다. 이런 토론을 하면서 책으로 소통하는 것이 좋았다. 책을 같이 읽고 얘기하는 것이 나는 좋다. 토론하면서 친구들의 의견을 듣는 것도 좋았다.

✐ 문주형(5학년)

친구를 돕기 위해 안 좋은 사정을 알리는 것은 옳은가?

『드림하우스』 유은실 글, 서영아 그림, 문학과지성사

　유은실 작가의 『드림하우스』에서는 주인공 보람이 가족이 TV에 출연해서 가난한 모습을 보이고 사람들의 도움을 받는 부분이 나온다. 그래서 나는 누군가를 돕기 위해 그 사람의 안 좋은 사정을 알리는 게 옳은지로 이야깃거리를 정하게 되었다.

　나는 안 좋은 사정을 알리면서까지 돕는다면 도움 받는 사람이 부담된다고 생각한다. 그러므로 안 좋은 사정은 알리지 않아도 된다고 생각한다. 우리 모둠에서 나와 같은 의견을 가진 친구는 먼저 상대방이 도움을 원치 않을 수 있으므로 안 좋은 사정을 알리면서 과하게 도와주면 안 된다고 하였다. 다른 의견으로는 친구의 기분이 조금 나쁠 수는 있겠지만 사정을 말해서 다른 친구들이 돕고 그 친구를 이해할 수 있으므로 사정을 알리는 것이 괜찮다고 하였다. 그리고 도움을 받기 위해서는 그 정도는 감수해야 한다는 의견이 나왔다. 하지만 도움받는 사람이 기분이 나쁘면 도움을 받아도 마음이 편치 않고 고마운 마음도 들지 않을 것이라는 의견이 나왔다. 또 자존심이 상할 수 있고 다른 사람이 불쌍하다고 생각하는 것은 상처가 될 수 있다고 생각한다. 그것이 더 힘들 것 같다.

모둠 토론을 하며 반대 의견을 듣다 보니 찬성 측이 조금 설득 당했다. 안 좋은 사정을 말할 정도면 도움이 많이 필요하다는 뜻이니 그 정도는 감수해야 할 것 같다고 결론지었다.

우리 모둠은 처음에 이야깃거리를 정하는 데 어려움이 있었다. 그래도 그 뒤에는 계속 좋은 이야깃거리가 나와서 토론이 잘 됐다. 토론할 때도 다른 얘기로 빠지면 다시 토론주제로 돌아와서 이야기를 나누어서 좋은 토론이 되었다.

✎ 한예찬(5학년)

친구의 뒷담을 들었을 때 당사자에게 말하는 것이 옳은가?

『고래가 뛰는 이유』 최나미 글, 신지수 그림, 창비

　『고래가 뛰는 이유』에서는 주인공이 자기 아빠의 직업이 고래 박사라고 거짓말을 하는 장면이 나온다. 실제로 이렇게 거짓말을 잘하는 친구들은 뒤에서 안 좋은 말을 듣기도 한다. 그래서 친구 사이에 뒷담을 하는 것과 관련된 주제로 토론 이야깃거리를 정했다.
　나는 뒷담이 오해일 수도 있으므로 중간에서 말을 전해주어야 한다고 생각한다. 그렇지 않으면 말 한 사람과 안 좋은 이야기를 전해들은 사람끼리 사이가 나빠질 수 있기 때문이다. 가은이는 뒷담을 한 것을 말하면 말 한 사람과 당사자의 사이가 나빠질 것이라고 하였다. 그러므로 중간에서 말하지 않는 게 더 낫다고 하였다. 하지만 나와 세연이는 그래도 말을 해야 오해가 풀리고 더 친해질 수 있기 때문에 말을 해야 하고 뒷담의 내용이 오해일 수도 있으니 미리 말을 해 주는 것이 더 좋다고 하였다. 나는 오해일 경우에는 중간에서 말을 해 주는 것이 낫다고 생각하게 되었다. 우리 모둠에서는 뒷담을 아예 하지 않는 것이 제일 좋겠다고 결론지었다. 만약 중간에서 알려줄 때는 조심스럽게 물어보는 것으로 최종 마무리를 하였다. 내 생각은 처음과 마지막이 달라지지는 않았다.

이야깃거리를 뽑는 것이 어려웠지만 책향기 모둠이 함께 이야깃거리를 뽑아서 괜찮았던 것 같다.

✎ 차유나(5학년)

합의해야 될까?

『아저씨, 진짜 변호사 맞아요?』 천효정 글, 신지수 그림, 문학동네

천효정 작가의 『아저씨, 진짜 변호사 맞아요?』를 읽었다. 주인공 빙빙과 하록이 만나서 많은 문제들을 겪으며 해결하는 이야기를 바탕으로 쓴 책이다. 이 책을 읽으면서 '자신에게 큰 상처를 안겨준 사람과 합의할 수 있을까?'라는 주제로 토론을 하고 싶었다. 책 속에서 하록의 친구 엄마가 사이버 모욕죄로 경찰서에 갔는데 하록이 합의해줘서 풀려나는 장면이 있다. 나는 그 장면에서 '잘못을 했는데 합의해도 되나?'라는 의문이 생겼다.

합의해야 된다는 것이 내 의견이다. 한 번 정도는 합의해주고 합의해 준 다음에도 계속 그런 짓을 하면 다음번엔 합의 안 해준다고 하면 그 짓을 하지 않을 수 있다. 영민이도 나와 같이 합의해야 된다고 했다. 영민이는 합의를 하면 그 사람이 착해질 수 있기 때문이라고 말했다.

하준이와 가윤이는 우리와 반대로 상처 입힌 사람과는 합의하면 안 된다는 의견이었다. 하준이는 합의해주면 그 사람이 자기의 잘못을 모르고 다시 일을 벌일 수 있어서 그냥 냉정하게 합의를 안 해주는 것이 좋다고 했다. 그리고 가윤이는 합의를 해주었을 때 합의해

준 사람에게 더 큰 상처를 줄 수 있고 자신의 잘못을 모르는 척 할 수 있어서 반대라고 했다.

이 토론이 끝나고 내 의견은 합의하면 안 되겠다고 바뀌었다. 왜냐하면 가윤이와 하준이가 반박을 잘했고 근거도 잘 내어서 이해하기 쉬웠다. 나랑 영민이가 내세운 근거가 약했던 것 같다. 난 내 주제로 토론을 하는데도 근거를 제대로 내지 못하고 반박을 잘 못해서 아쉽고 가윤이와 하준이가 우리가 한 반박이 이해가 잘 안 된다고 해서 '반박도 역시 다른 사람이 알아듣게 설명해야 되는구나'라는 생각을 했다.

✎ 이용전(5학년)

글놀이터 ❸
책, 이야기 꽃을 피우다!

1쇄 발행 | 2020년 12월 15일
초판인쇄 | 2020년 12월 10일

글쓴이 | 시흥 어린이
엮은이 | 전국초등국어교과 시흥모임 _ 연꽃누리
카 페 | http://cafe.daum.net/yeonsung

등 록 | 399-2016 -000-007
인 쇄 | 세종피앤피
주 소 | 경기도 하남시 덕풍북로 140, 114-701
전 화 | 031-792-6038
이메일 | yy0117@hanmail.net

ISBN : 979-11-89078-20-1 (73810)
값 11,000원

■ 잘못된 책은 구입한 서점에서 바꿔 드립니다.